エンパワメント研究所

増補版

自閉症の子どもたちの生活を支える

すぐに役立つ 絵 カード 作成用データ集

CD-ROM付き

北九州市福祉事業団 北九州市立総合療育センター
総合通園「生活支援ツール研究会」

今本 繁 監修　藤田理恵子・和田恵子 編著

序 文

　私たち北九州市立総合療育センターでは、年間800人を越える新たな発達相談があり、そのうち600人もの乳幼児、学齢児、一部成人が発達障害かその疑いが強いと診断されています。なかでも広い意味で自閉症の特性をもつ、自閉症スペクトラム（広汎性発達障害）の子どもが圧倒的に多いことがわかってきました。幼児期に言葉が遅く、集団参加が苦手だった子どもの多くが、後に驚くほどのスパートを示し、高機能自閉症、アスペルガー症候群に移行して、周囲からその障害に気づかれにくくなることも重要な点です。

　今や、発達障害は、まれな不運なケースではなく、誰もが身近な存在として気づく必要があると、私は考えています。しかし、これまでたくさんの子どもたちとその家族が、診断もなく、理解や適切な支援を得られず苦労してきたに違いありません。

　発達障害は「障害」でしょうか？「個性」でしょうか？

　私は本人に困っている状況があれば「障害」、困らなければ「個性」と言ってよいのではないかと思います。「障害」は常に「環境」との相互関係で決まります。代わりになる方法があれば、障害ではなくなったり、得意な分野なら困ったりすることもありません。大人になった時に、自立生活（得られる援助をうまく利用してやっていくことも自立です）ができれば、もはや「障害」ではなく、「個性」と言えるのではないでしょうか？

　苦手な「個性」にのみ目を奪われないで、生まれもって与えられた得意な「個性」が存分に発揮されるように、適切な手助けを惜しまず、小さな進歩を喜び、才能を現すことは大いにほめ、長い目で成長と変化を待つことが重要です。

　発達障害の子どもたちは、コミュニケーションが苦手であり、発達障害のない子どもたちが難なくできている意思や感情の表現が難しかったり、聞いた言葉を状況の中で判断することがうまくできなかったりします。本書で紹介する絵カードは、視覚的な提示によって、ある子どもたちにとっては発達期の困難な一時期に、そしてまた、ある子どもたちには人生の長期にわたり「聞く」「話す」に代わる効果的なコミュニケーション手段として役立つことと思います。

　しかし、何よりもまず、大人が子どもの意図を理解してあげよう、また子どもにわかりやすく伝えようという姿勢をもつことが大切です。それでこそ絵カードも工夫、発展させることができるでしょう。

　発達障害の理解が進めば、着実に社会が変わるでしょう。今求められていることは、子どもより、大人が変わることなのです。子どもたちの可能性を信じましょう！

北九州市立総合療育センター副所長　河野 義恭

 目次

序文……3

解説・絵カードの内容と有効性……5
　　1.本書の内容……5
　　2.自閉症児への視覚支援の有効性……6

絵カード作成用ＣＤ－ＲＯＭから絵カードを作成する方法……10

各絵カードの説明……13

総合通園におけるさまざまな視覚的配慮……77

おわりに……79

イラストを描いて……81

執筆者一覧……82

　　　イラスト：中山 由紀　岡本 久子　橋本 賢作
増補版として以下の絵カードを追加いたしました。
　Ⅰ.生活／トイレに「男子ズボンをはいたままおしっこ」「男子洋式ズボンをおろして
　　おしっこ」「男子洋式ズボンをはいたままおしっこ」。
　Ⅱ.母子通園での集団活動に「いやなことをされたら」。
　Ⅲ.医療／小児科の「検診・診察」に５枚挿入。
　　医療に「血圧測定」「皮下注射」。

【解説】
絵カードの内容と有効性

ピラミッド教育コンサルタントオブジャパン株式会社

代表　今本　繁

1. 本書の内容

　本書は、北九州市立総合療育センターの総合通園（おおよそ1～3歳児を対象とした母子通園）の保育士を中心とするグループが、長年の実践と経験の中で必要とされるものを蓄積してきた集大成ともいえる絵カード集です。北九州市立総合療育センターは、さまざまな障害をもつ子どもの福祉と医療を統合したセンターとして全国にさきがけてスタートしました。そして常に自己研鑽により時代の先進技術を学び、取り入れようという考えをもち続け、それは代々受け継がれています。とりわけ、子どもに役立つものは柔軟にかつ貪欲に取り入れてきました。TEACCH（注：米国ノースカロライナ州の自閉症支援制度）をはじめとする視覚支援もその一つでした。

　本書の対象者は自閉症をはじめとする発達障害児であり、絵カードは彼らの自立した生活を実現するのに役立ちます。発達障害児の中でも特に、絵やイラストにより理解が可能な低年齢の子どもを主たる対象にしていますが、学童以上の年齢の子どもにも対応可能です。また、本書の対象とする範囲は、母子通園施設、家庭生活、通園施設での集団生活、療育センター内のさまざまな医療サービスなどで、これらの場面で、役に立つ事柄を網羅しています。

絵カード集の構成内容

Ⅰ. 家庭生活	一日の生活	着替えてからご飯・パジャマのままご飯（男の子用・女の子用）
	着脱	パンツ・服・くつした・靴・外出
	清潔	歯磨き・手洗い・爪きり・散髪
	トイレ	男子パンツを脱いでおしっこ・男子パンツをおろしておしっこ・男子ズボンをはいたままおしっこ・男子洋式トイレ・男子洋式ズボンをおろしておしっこ・男子洋式ズボンをはいたままおしっこ・女子洋式トイレ
	お風呂	服を脱ぐ・お風呂全体の手順・体を洗う・髪を洗う・服を着る
Ⅱ. 母子通園での集団活動	母子分離	母親がトイレ・ご飯でいなくなる（男の子・女の子）
	食事	男の子・女の子
	プール	男の子・女の子
	ルール	おもちゃかして・してほしくないこと・こうしたらいいよ・いやなことをされたら
Ⅲ. 医療	小児科	身体計測（服を着たまま・脱いで）・検温・血圧測定・診察・注射（座って・寝て）・皮下注射・吸入
	歯科	歯科検診・虫歯治療・歯磨き指導
	眼科	眼科検診・視力検査（シマ視標・絵視標・ランドルト環視標）・眼底検査・器械検査
	耳鼻科	耳掃除・耳鼻科検診
	検査	ABR検査・レントゲン（寝て・座って・立って・歯科）・心電図検査・脳波検査

２．自閉症児への視覚支援の有効性

（１）自閉症の特性

　自閉症の脳や認知機能に関する最新の研究から、さまざまな特性が明らかになっています。まず、耳で聞いて理解する能力（聴覚的理解）よりも見て理解する能力（視覚的理解）のほうがすぐれていること、抽象的なことを理解するよりも具体的なことを理解するほうがすぐれていることがその大きな特性であることがわかってきました。つまり、言葉での指導よりも見て理解させる指導のほうが効果的なのです。このことはTEACCHをはじめとするさまざまな実践上の蓄積からも確認されていることです。自閉症の子どもの視覚的な理解がすぐれているといっても、刺激が多過ぎると、些細な点に注目してしまったり、重要な情報を見逃したりしてしまうという特性も同時にもっています。また、物事の順序性の理解や時間的見通しをもつことが困難で、予測できないこと、新しい人や場面に対する不安がとても強いという面があり、好きなことやこだわっていることを止められないといった特性もあります。

（２）対応法

　家庭から初めて離れて通園に通ったり医療的なケアを受けたりすることはすべてが新しいことで予測ができず、本人は不安と混乱の中で過ごさなければなりません。このようななかにある上記の特性をもつ自閉症の子どもに対応するためには、活動の順序がわかりやすい形で行われるようにし、見通しや予測できないこと、初めての人や場面への不安を減らす必要があります。そのためには、一人ひとりの特性に合わせたうえで、かつ視覚的にわかりやすい形で順序や見通しを示すように工夫していかなければなりません。

（３）評価

　視覚支援には、まず一人ひとりに合った個別化が必要であり、そのためにはまず評価を行う必要があります。誤解のないようにあえていうと、誰にでも絵カードをつくって提示しさえすればよいというわけではありません。絵カードは魔法のカードではありません。また、嫌なことを指示されるのは誰にとっても楽しいことではありません。嫌なことばかりを指示されると、絵カードを使わなくなったり、破いたり、投げたりして逆効果になります。まず視覚的手がかりが本人にとって楽しい、わかりやすい、役立つという経験をもたせることが大切です。

①まず、どのような視覚的合図がわかりやすいのかを評価しましょう

← 抽象的				具体的 →		
文章	文字	シンボル	絵やイラスト	写真	ミニチュア	実物
← 本書の対象範囲 →						

　一般的に抽象度の高い視覚的合図ほど、理解をするのに高い認知機能を要します。しかし、自閉症の子どもの場合、認知機能がアンバランスなため、必ずしも認知機能と知能指数とは一致しません。本書は、絵で理解できる子どもを主に対象としていますが、文字を付加すれば高機能自閉症の子どもにも応用できるでしょう。また絵カードに見出し語をつけると支援者にとってもわかりやすくなります。

②どのくらいの長さの見通しや順序性を提示する必要があるのかを評価しましょう

← 長い見通し			短い見通し →	
・・・・　5つ以上	4つ	3つ	2つ　ある活動→次の活動	1つ

　自閉症の子どもは、物事の見通しや順序性を理解することが困難だといわれています。そこで、長くて複雑な活動の場合に、その手順を視覚的に順番に示すと活動の遂行に役立つ場合が多いのです。しかし、一度にたくさんの刺激が提示されると混乱して活動の実行を妨げる場合があります（支援者は自分自身の存在がその混乱刺激となる可能性があることも自覚しましょう）。その場合は1つずつ順番に刺激を提示します。全体の流れを見て活動を実行できる人や先の見通しを与えたほうが安心する人の場合は、より長い順序を提示します。子どもの様子を見ながら提示する刺激の量を調整してください。誤解のないようにいうと、すべて手順書を作ればよいわけではありません。いつでもどこでもほぼ決まった流れで行う活動（トイレ、歯磨き、手洗いなど）は、手順書などは使わないでルーチンとして覚えたほうが簡単な場合もあります。また逆に将来の職業面では手順どおりにする、変更した手順に従うといったことも必要になり、ルーチンが妨げになる場合もありますのでご注意ください。

（4）指導の方法

　本人に合った視覚支援を準備しても、自動的に活用できる人はまれです。準備した視覚支援が有効に使えるように環境を整え、使い方を教える必要がある場合が多いでしょう。

①活動場面の物理的設定の工夫

　注意散漫が激しい子どもの場合、本来、注目してほしい活動の対象や道具、教材や絵カードに注意が向かない場合があります。そのような子どもの場合は、活動に注目できるように仕切りや衝立(ついたて)を利用して周囲の刺激をシャットアウトするようにします。

②視覚刺激の提示の仕方

　絵カードや活動に関連する刺激に注目できるようするための援助は最小限にして、余分な援助をなくすようにします。

 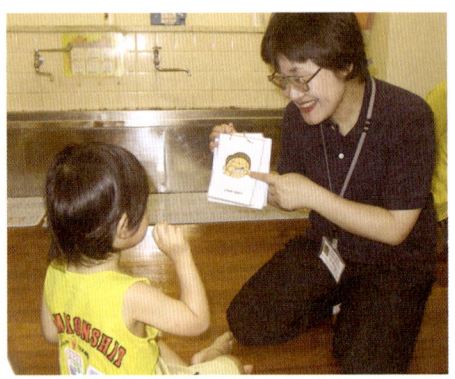

見通しをもてる長さが「次の1つ」であれば、支援者が1枚ずつ絵カードを提示して次の動作を促します。この時、絵カードを指さし、余計な言葉がけを避け、簡単な指示にとどめます。

 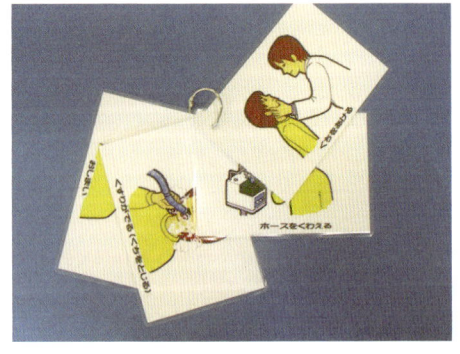

たくさんの刺激を一度に提示すると圧倒されたり混乱したりする子どもの場合は、1枚ずつのめくり式のカードを用意します。自分でめくれない子どもには、支援者がめくりながら次の活動を促します。自分でめくれる子どもには、自分がカードをめくりながら活動を進められるように促します。

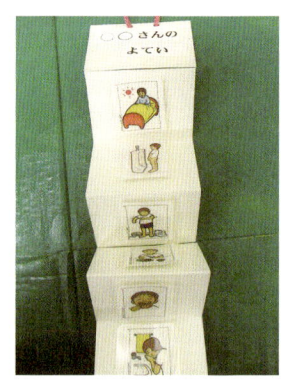

長い見通しをもつことができ、自分で全体の流れを見わたすことができる人には全部の視覚刺激を上から下、左から右などに並べて提示し、自分で確認しながら活動を進めていくように指導します。

③視覚刺激の選択と提示数

　本書を使って、各専門機関や家庭で応用しようとする場合には、多少のアレンジが必要になってくるでしょう。場面によっては写真が有効な場合もあるので必要に応じて追加しましょう（担当の先生や場所や道具など）。順序をもっと詳しく提示する必要がある場合は、必要に応じて絵カードを追加します。逆に絵カードのセットで必要のない場面は外すようにします。

＜参考文献＞
メジボフ・シェア・ショプラー著「TEACCHとは何か－自閉症スペクトラム障害の人へのトータル・アプローチ」エンパワメント研究所．
ノースカロライナ大学医学部精神科 TEACCH部編「見える形でわかりやすく－ TEACCHにおける視覚的構造化と自立課題」エンパワメント研究所．
キャロル・グレイ著「お母さんと先生が書くソーシャルストーリー－新しい判定基準とガイドライン」クリエイツかもがわ．
キャロル・グレイ著「コミック会話－自閉症など発達障害のある子どものためのコミュニケーション支援法」明石書店．
サブナー＆マイルズ著「家庭と地域でできる自閉症とアスペルガー症候群の子どもへの視覚支援」明石書店．

絵カード作成用 CD-ROM から絵カードを作成する方法

　パソコンやプリンターが使用できる環境にない方は、カラーコピー機などで直接本書の必要箇所を拡大コピーして使用することもできます。

＜必要な道具や材料＞
　・パソコン
　・プリンター
　・印刷用紙

＜できればあればよいもの＞
　・ラミネートマシーン
　・ラミネートシート

＜印刷＞
　a）1枚ずつそのまま印刷する場合

①パソコンとプリンターをつなげ、用紙を設定する
② CD-ROM をパソコンの所定の箇所に入れて立ち上げる
③必要なカテゴリー項目をダブルクリックして次々にファイルを開け、必要な絵カードをダブルクリックする

本書に添付されている CD-ROM は Windows 対応です。
Mac をご利用いただいた場合でも基本的な作動に問題はありませんが、フォルダ名の一部などに文字化けが生じる場合があることをあらかじめご了承願います。

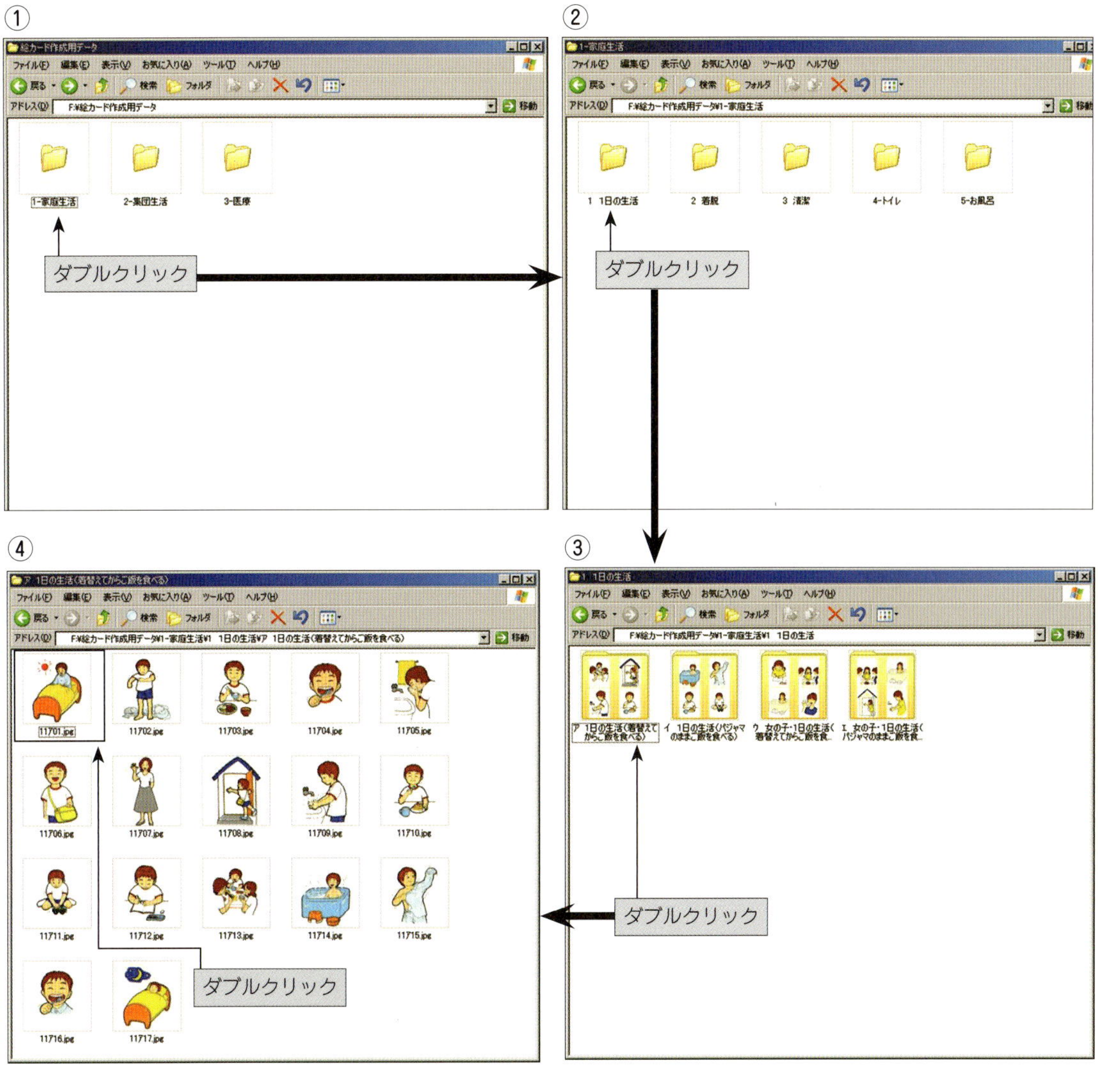

① ダブルクリック → ② ダブルクリック → ③ ダブルクリック → ④

Microsoft XPの場合、【表示】から【縮小版H】を選ぶと上図のように絵カードが表示されます。使用するパソコンに最適な閲覧ソフトでご利用ください。

④そのまま印刷してプリントアウトする

※通常の絵カードの大きさはA4版の紙いっぱいの大きさで印刷されて出てきます。
※縮小する場合は、ワープロソフトなどに貼り込んで必要なサイズにしてプリントしてください。
※詳しい操作方法は、身近なパソコンに詳しい人に聞いてみてください。
※エーワンの「パソコンで手作り絵カード」を使うと45mm×45mmの絵カードが簡単に印刷できます。入手方法はピラミッド教育コンサルタントオブジャパン株式会社（http://www.pecs-japan.com）まで。

＜絵カードを補強する方法＞

　絵カードの強度を高めるには、印刷した紙を厚紙に貼り付けたり、ラミネートマシーンで紙をラミネートしたりするとよいでしょう。その場合、別途ラミネーター（5千円前後から数万円まで）とラミネートシートを購入する必要があります。

ラミネートの仕方
①ラミネーターのスイッチを入れておく
②印刷した絵カードを1枚ずつ切り離す
③ラミネートシートを広げ、絵カードを1枚ずつ離して乗せる

④ラミネートシートを閉じて、加熱してあるラミネーターに通す

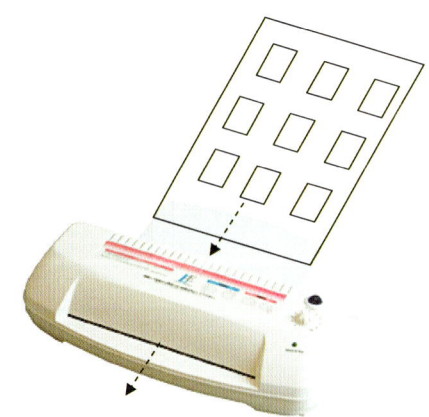

⑤1枚ずつ切り離すと出来上がり

各絵カードの説明

　ここでは、CDに収録されている絵カードをすべて、お見せします。CDに収められている絵カードには文字は入っていません。文字が読める機能の高い子どもや支援者自身が理解しやすいように各絵カードに文字の説明書きを入れるとよいでしょう。追加で入れたほうがよい絵や写真についてもそれぞれのカードの間でふれています。

Ⅰ．生活

　身辺処理の困難には、さまざまな事柄を考慮に入れて対処する必要があります。まず、①見通しが立たない状況に対する不安や行動の管理、②変更や中止に対しての混乱、③好きなことやこだわりで活動を終われない、④感覚の過敏さなどです。また私たち大人は、弱い立場の人を保護し守ろうとする本能をもっていて、特に幼い子どもの場合にそれが強く出てしまいます。そのため、子どもが本来もっている自立して行動することを抑えてしまうことにもなりがちですので、あくまでも本人の自立を高めるような配慮が必要です。

　また、絵カードに提示されている個々の動作はある程度習得段階ができていることが前提となります。もし動作自体が習得できていない場合は、絵カードの利用とは別に個別にステップをふんで教える必要があります。

（1）一日の生活

　総合通園は週に2日の通園で、通園する日としない日があり、子どもによっては混乱して、朝の準備がスムーズにできなくなることもありました。そこで、1日の流れの絵カードをつくりました。

　ここでは、週日の朝起きて出かけるまでと帰宅してから就寝するまでの一般的な活動の流れを網羅しています。その他の活動や休日の活動については随時追加するようにしましょう。1日の流れに沿って活動する際に見られる困難としては、①見通しがもてないことによる不安、②嫌な活動をしようとしない、③いつもと異なる流れや予定の急な変更による混乱などがあげられるでしょう。

　①の見通しがもてなくて不安になる子どもの場合に、1日の予定を視覚的に提示することで不安を減らすことができます。日によっては、バスでなく自家用車で通う、途中で病院や買い物に寄るといったいつもと異なる予定が入る可能性がある場合には、それも提示します。②のように着替えなどあまり気乗りしない活動は、視覚的に提示しても抵抗しよ

うとする子どももいます。その場合には、その活動を終えたら次に楽しい活動があることを視覚的に示すとうまくいく場合があります。

　③の急な変更にも対処できるようにするためには意図的に予定の変更を入れて教えるようにするとよいでしょう。その場合の変更は、子どもにあまり負荷のかからない楽しいものから始めます。

(1) 1日の生活（男の子）
　ア、1日の生活（着替えてからご飯を食べる）

①あさ、おきる

②ふくをきる

③ごはんをたべる

④はをみがく

⑤かおをあらう

⑥ようちえんのようい

⑦いってきます（ママとさよなら）

この間に幼稚園やバスの絵や写真があるとわかりやすくなります。

⑧おうちにかえる

⑨てをあらう

⑩おやつをたべる

⑪あそぶ

⑫べんきょうをする

⑬ごはんをたべる

⑭おふろにはいる

⑮パジャマにきがえる

⑯はをみがく

⑰ねる

イ、1日の生活（パジャマのままご飯を食べる）

①あさ、おきる

②ごはんをたべる

③はをみがく

④かおをあらう

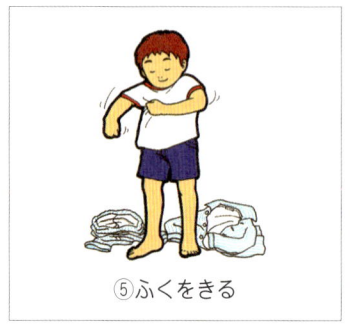
⑤ふくをきる

⑥ようちえんのようい

⑦いってきます（ママとさよなら）

この間に幼稚園やバスの絵や写真があるとわかりやすくなります。

⑧おうちにかえる

各絵カードの説明

⑨てをあらう

⑩おやつをたべる

⑪あそぶ

⑫べんきょうをする

⑬ごはんをたべる

⑭おふろにはいる

⑮パジャマにきがえる

⑯はをみがく

⑰ねる

（2）1日の生活（女の子）

　ア、1日の生活（着替えてからご飯を食べる）

①あさ、おきる

②ふくをきる

③ごはんをたべる

④はをみがく

⑤かおをあらう

⑥ようちえんのようい

⑦いってきます（ママとさよなら）

この間に幼稚園やバスの絵や写真があるとわかりやすくなります。

⑧おうちにかえる

各絵カードの説明

⑨てをあらう

⑩おやつをたべる

⑪あそぶ

⑫べんきょうをする

⑬ごはんをたべる

⑭おふろにはいる

⑮パジャマにきがえる

⑯はをみがく

⑰ねる

イ、1日の生活（パジャマのままご飯を食べる）

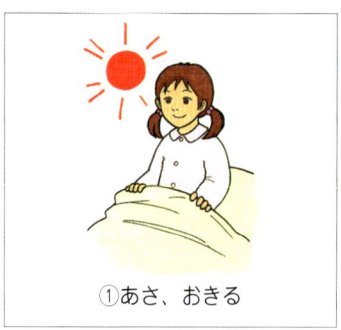
①あさ、おきる

②ごはんをたべる

③はをみがく

④かおをあらう

⑤ふくをきる

⑥ようちえんのようい

⑦いってきます（ママとさよなら）

この間に幼稚園やバスの絵や写真があるとわかりやすくなります。

⑧おうちにかえる

⑨てをあらう

⑩おやつをたべる

⑪あそぶ

⑫べんきょうをする

⑬ごはんをたべる

⑭おふろにはいる

⑮パジャマにきがえる

⑯はをみがく

⑰ねる

（3）着脱

　着るもの、履くものを見せても、何をするのかがわかりにくく指示に応じられなかったため、着る動作を絵で順番に描いてみました。すると、着るものに注目しやすくなりました。

　ここでは、パンツ、服、靴下、靴の着脱から外出までの流れが収められています。衣服全体の着替えに関しては、個々に応じて絵を追加する必要があるでしょう。絵で表した個々の動作が身についていない場合には、身体介助を通して教えるようにします。支援者は子どもの背後にまわって刺激になりにくいようにし、手を添えて動作の目印となる部位に注目させるようにします。

　ア、パンツをはく

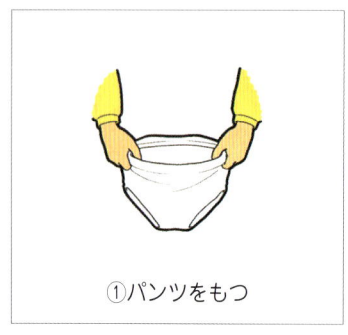
①パンツをもつ

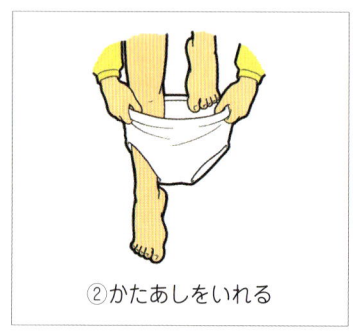
②かたあしをいれる

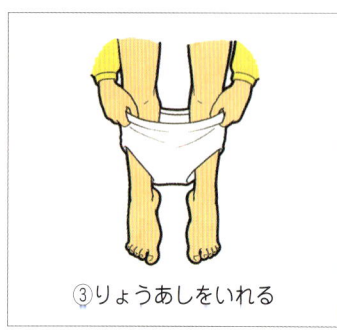
③りょうあしをいれる

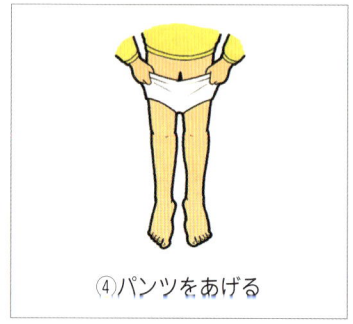
④パンツをあげる

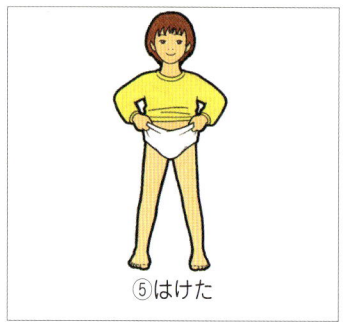
⑤はけた

イ、服を着る

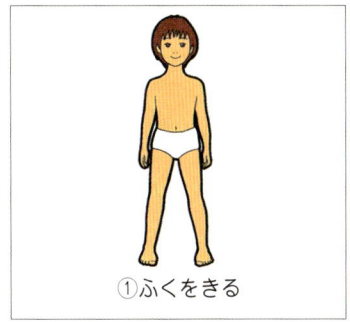
①ふくをきる

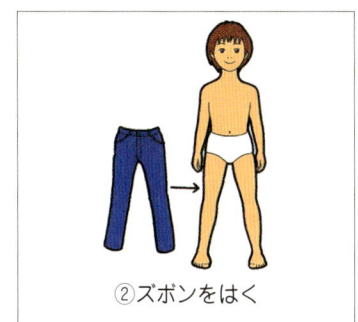
②ズボンをはく

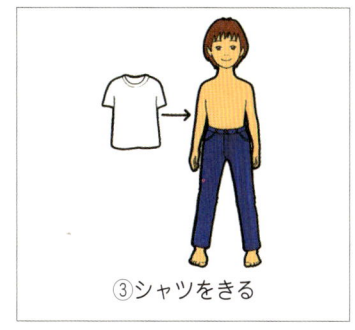
③シャツをきる

④シャツをきたよ

⑤うわぎ（トレーナー）をきる

⑥できた

ウ、くつしたをはく

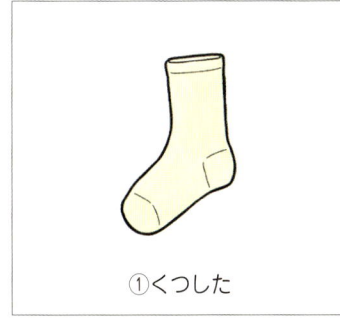
①くつした

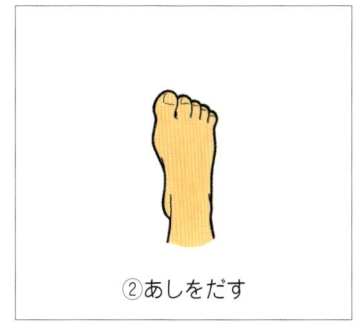
②あしをだす

③くつしたをもつ

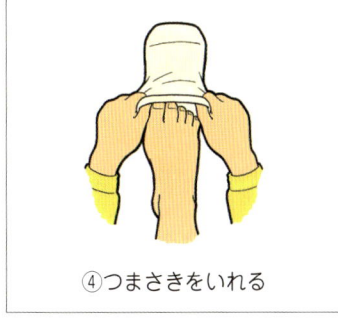
④つまさきをいれる

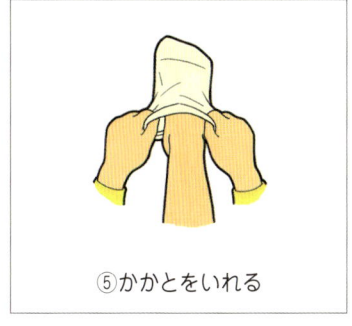
⑤かかとをいれる

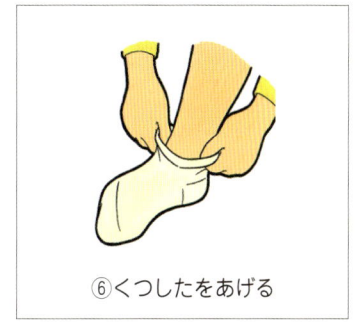
⑥くつしたをあげる

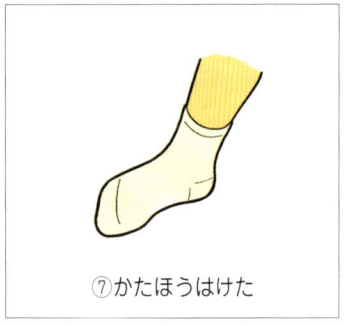
⑦かたほうはけた

⑧もうかたほうもはく

⑨りょうほうはけた

＊必要に応じて靴下の色やマークを入れてください。
＊絵カードの提示方法については、子どもから見た方向で示しています。

エ、くつをはく

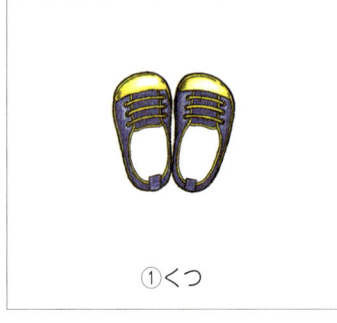
①くつ

②つまさきをいれる
（あしをいれる）

③かかとをいれる
（ゆびをいれてひっぱる）

④かたほうはけた

⑤つまさきをいれる

⑥かかとをいれる
（ゆびをいれてひっぱる）

⑦りょうほうはけた

オ、外出（コートを着て出かける）

①おでかけ

②コートにてをいれる

③コートをきたよ

④ぼうしをかぶる

⑤そとへいく

＊冬、外出するときにコートを着たがらないお子さん用に作成しました。

（4）清潔

　子どもの嫌いなことに歯磨き、爪きり、散髪などがあります。その理由としては、何をされるかわからない不安感と爪切りの形や音の苦手などが考えられます。少しでも不安感を少なくするために目で見えるように示し、また終わりがわかると予測ができて我慢しやすくなります。

　歯磨きは、年少の場合には本人の磨き方だけでは十分でないことが多いので、親が仕上げをしてあげることが必要になります。散髪などは、まず店主によく話をして場所に慣れることから始めます。他のきょうだいや子どもがおとなしく散髪する様子を見せるようにするとよいでしょう。

ア、歯磨き

①はみがき

②みずをいれる

③ハブラシにみずをつける

④うえのはをみがく

⑤みぎおくをみがく

⑥ひだりおくをみがく

⑦したのはをみがく

⑧みぎおくをみがく

⑨ひだりおくをみがく

⑩うえのはのうらをみがく

⑪したのはのうらをみがく

⑫おかあさんがみがく

⑬みずでぶくぶくする

⑭ぺーッとだす

⑮かたづけ

⑯おしまい

＊左右については、子どもから見た向きでかいていますので、絵とコメントは逆になっています。子どもに応じて変えてください。

イ、手洗い

（表紙は必要に応じて場所の写真を入れてください）

①そでをあげる

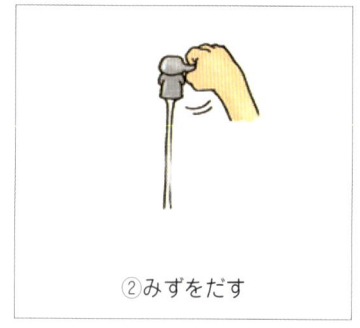
②みずをだす

③てをぬらす

④せっけんをつける

⑤りょうてをこする

⑥ひだりてのこうをあらう

⑦みぎてのこうをあらう

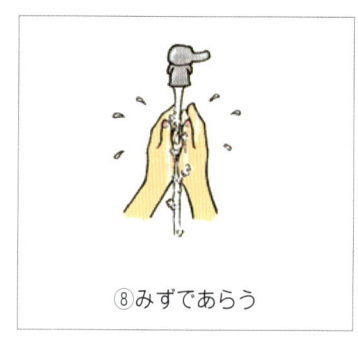
⑧みずであらう

⑨タオルでふく

⑩そでをおろす

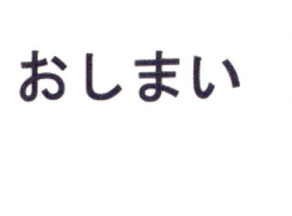
おしまい

ウ、爪きり

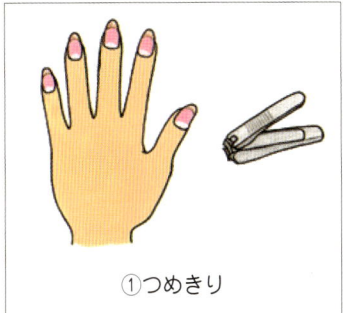
①つめきり

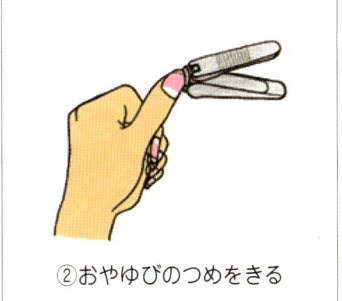
②おやゆびのつめをきる

③ひとさしゆびのつめをきる

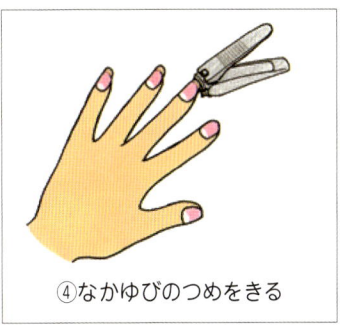
④なかゆびのつめをきる

⑤くすりゆびのつめをきる

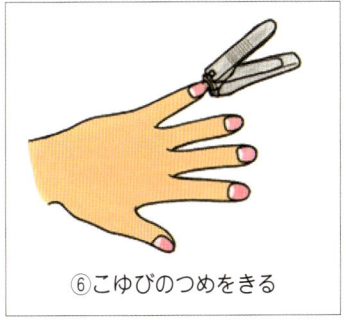
⑥こゆびのつめをきる

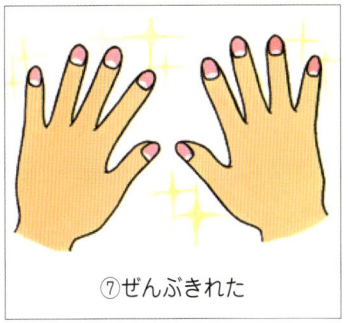
⑦ぜんぶきれた

工、散髪

①さんぱつ

②いすにすわる

③ケープをかける

④くしでかみをとく

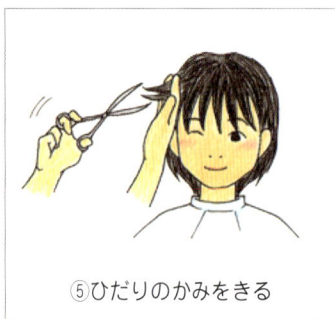
⑤ひだりのかみをきる

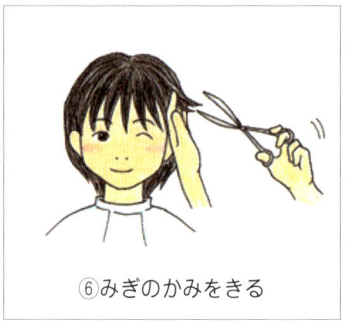
⑥みぎのかみをきる

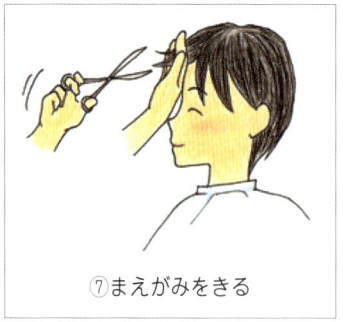
⑦まえがみをきる

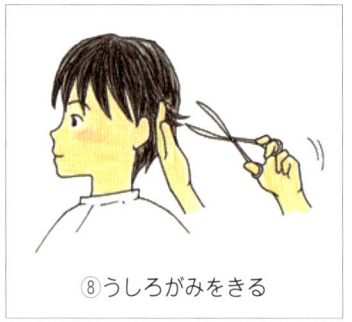
⑧うしろがみをきる

各絵カードの説明

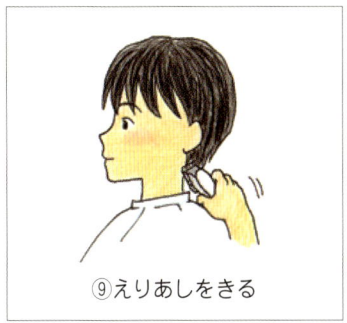
⑨えりあしをきる

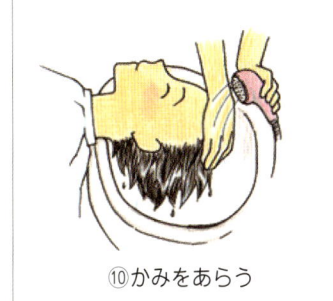
⑩かみをあらう

⑪かみをかわかす

⑫くしでかみをとく

⑬ケープをとる

⑭ブラシでかみのけをとる

⑮おしまい

(5) トイレ

　トイレに行くと、水やトイレットペーパーを出して遊び、トイレに連れて行くことをためらうお母さんもいました。あらかじめトイレでは何をすべきかを絵を見せて伝え、その手順にそって行動を促すことでスムーズにできることがあります。トイレットペーパーの紙の長さも切る位置を見せて伝えるとトイレをつまらせることはありません。子どもの状態によってはドアを閉めることも学校に行く前頃には教えたいものです。トイレットトレーニングを始める時はパンツを全部脱いで排泄するようにしますが、できるだけ早くパンツを下げて排泄するように促します。また男の子は立って排尿することを教えます。

　ア、男の子（ズボン・パンツを脱いでおしっこ）

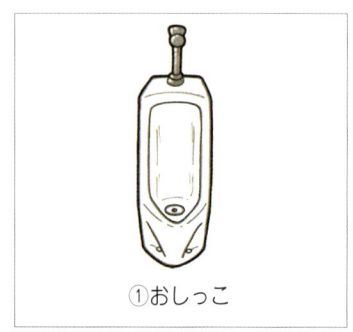
①おしっこ

②ズボンをぬぐ

③パンツをぬぐ

④おしっこをする

⑤みずをながす

⑥パンツをはく

⑦ズボンをはく

⑧てをあらう

⑨タオルでふく

おしまい

イ、男の子（ズボン・パンツをおろしておしっこ）

①おしっこ

②ズボンをおろす

③パンツをおろす

④べんきのまえにたつ

⑤おしっこをする

⑥パンツをあげる

⑦ズボンをあげる

⑧みずをながす

⑨てをあらう

⑩タオルでふく

おしまい

ウ、ズボンをはいたままおしっこ

①べんきのまえにたつ

②ファスナーをおろす

③おちんちんをだす

④おしっこをする

⑤おちんちんをなおし
ファスナーをあげる

⑥みずをながす

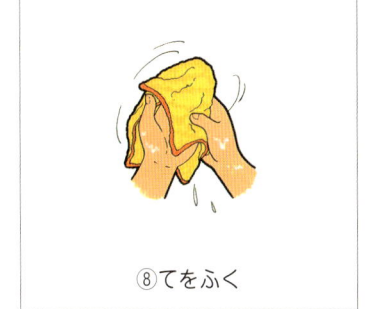

⑦てをあらう　⑧てをふく　おしまい

各絵カードの説明

エ、男の子（洋式便器）

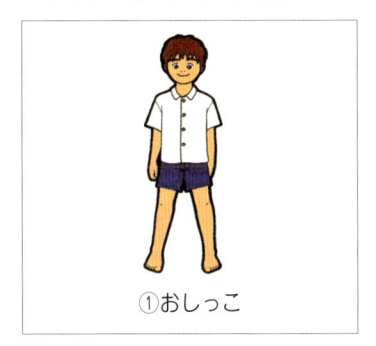

①おしっこ　　各自で洋式便器の絵や写真を入れてください　　②ズボンをぬぐ

③パンツをぬぐ　またはうんちをする　④べんきにすわる

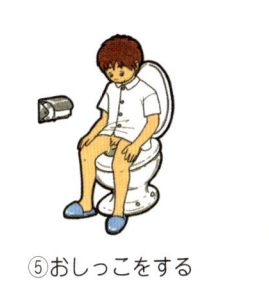

⑤おしっこをする　おしっこの時は外してください　⑥かみをとる

35

⑦おしりをふく　　おしっこの時は外してください　　⑧パンツをはく

⑨ズボンをはく　　⑩みずをながす

⑪てをあらう　　⑫タオルでふく　　おしまい

オ、男の子ズボンをおろしておしっこ（洋式便器）

洋式
①ズボンをおろしておしっこ　　②ふたをあける　　③べんざをあげる

各絵カードの説明

④ズボンをおろす　　⑤パンツをおろす　　⑥おしっこをする

⑦パンツをあげる　　⑧ズボンをあげる　　⑨みずをながす

⑩みずをながす　　⑪べんざをさげる　　⑫ふたをする

⑬てをあらう　　⑭てをふく　　おしまい

37

オ、男の子ズボンをはいたままおしっこ（洋式便器）

洋式
①ズボンを
はいたままでおしっこ

②ふたをあける

③べんざをあげる

④ファスナーをおろす

⑤おちんちんをだす

⑥おしっこをする

⑦おちんちんをなおし
ファスナーをあげる

このあと「おしまい」まで、「オ、洋式便器ズボンをおろしておしっこ」と同じです

エ、女の子

①表紙

各自で洋式便器の絵や写真を入れてください

②パンツをぬぐ

各絵カードの説明

③おしっこをする　　④かみをとる　　⑤ふく

⑥パンツをはく　　⑦みずをながす　　⑧てをあらう

⑨タオルでふく　　おしまい

(6) お風呂

　最初お風呂に入るのを嫌がったり、入ってしまうと中で遊んでしまい今度はなかなか出られなくなったりして困っているお母さんがいました。お風呂ですることを絵で提示し、次の行動を促すようにするとうまくいくことがありました。

　本書では、服を脱いだり着たりという手順が矢印で示してありますが、実際の動作であらわした方がわかりやすい子どももいるでしょう。必要に応じて子どもに合わせたものにしてください。

ア、服を脱ぐ（お風呂に入る時）

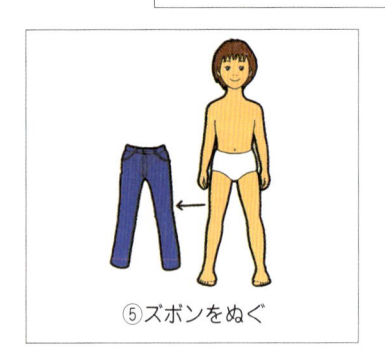

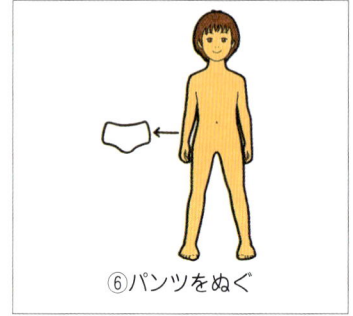

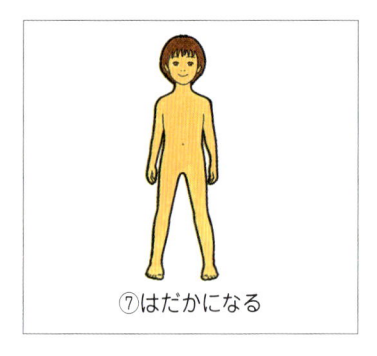

①ふくをぬぐ

②うわぎをぬぐ

③（うわぎをぬいだところ）

④シャツをぬぐ

⑤ズボンをぬぐ

⑥パンツをぬぐ

⑦はだかになる

イ、入浴の手順

①おふろ

②おゆをかける

各絵カードの説明

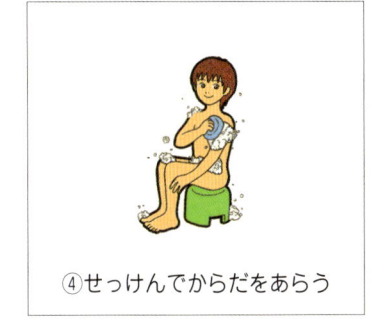

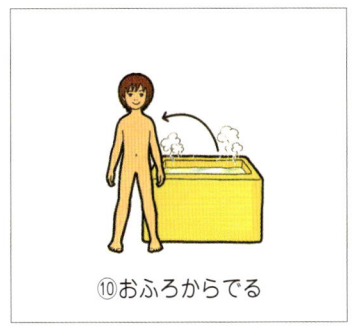

③おふろにはいる	④せっけんでからだをあらう	⑤おゆをかける（せっけんをながす）
⑥あたまにおゆをかける	⑦シャンプーであらう	⑧おゆをかける（シャンプーをながす）
⑨おふろにはいる	⑩おふろからでる	⑪タオルでからだをふく

ウ、身体を洗う

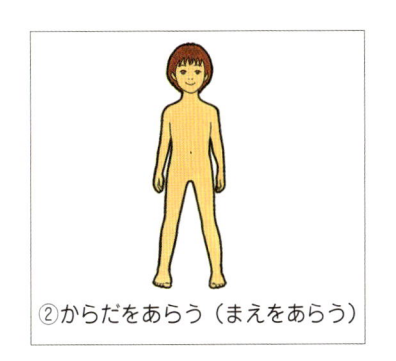

①からだをあらう	②からだをあらう（まえをあらう）

41

③かおをあらう　　　④くびをあらう

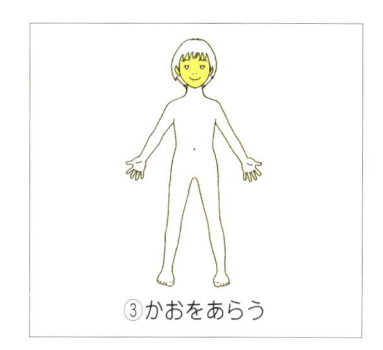

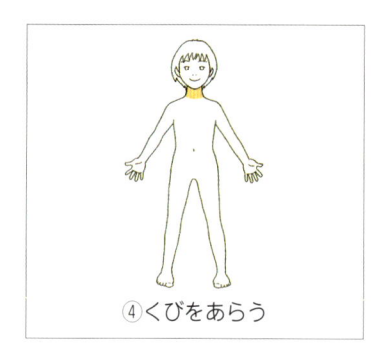

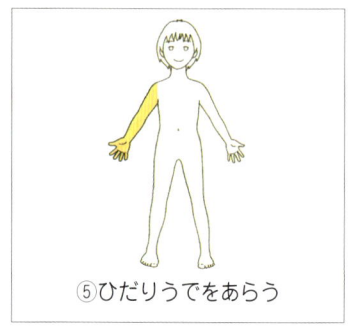

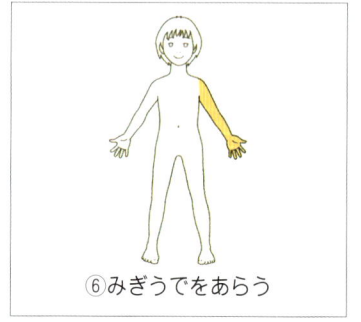

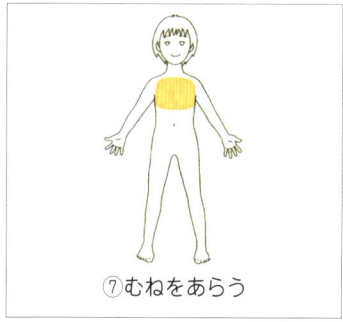

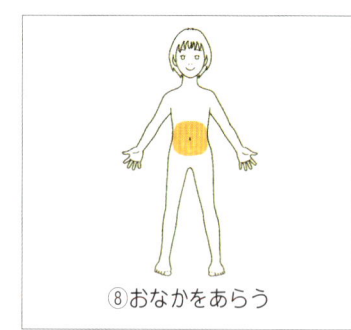

⑤ひだりうでをあらう　　⑥みぎうでをあらう　　⑦むねをあらう

⑧おなかをあらう

女の子の場合は適当な言葉にかえてください

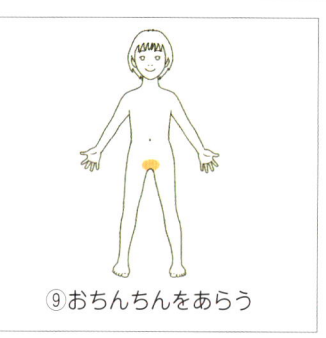

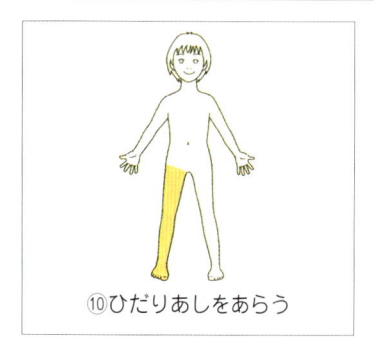

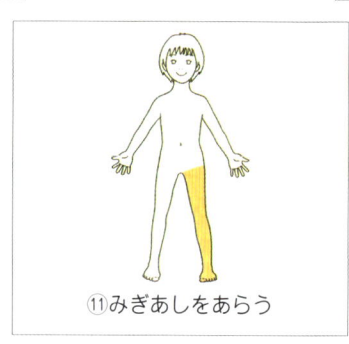

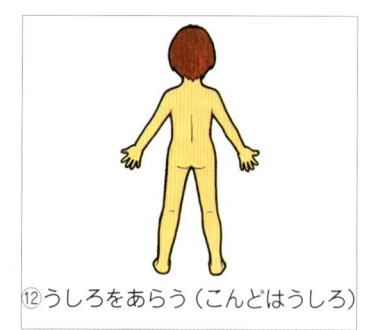

⑨おちんちんをあらう

⑩ひだりあしをあらう　　⑪みぎあしをあらう　　⑫うしろをあらう（こんどはうしろ）

各絵カードの説明

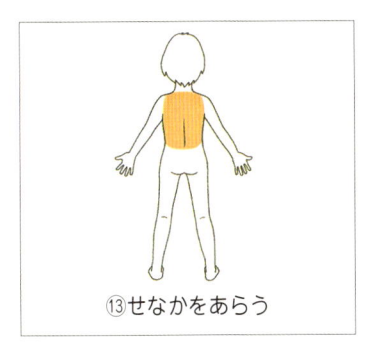

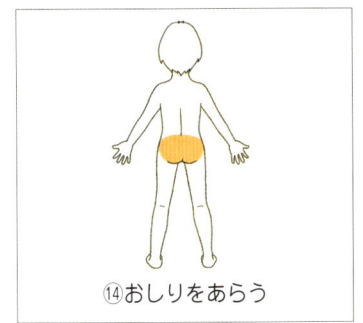

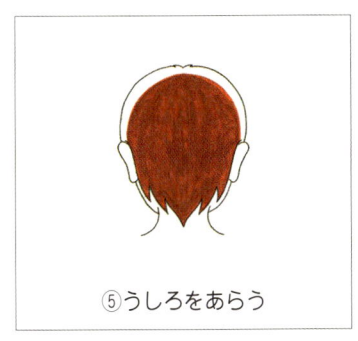

⑬せなかをあらう　⑭おしりをあらう　⑮おゆをかける

エ、髪を洗う

①シャンプー　②まえがみをあらう　③ひだりのかみをあらう

④みぎのかみをあらう　⑤うしろをあらう　⑥おゆをかける

＊絵カードの左右のコメントについては、子どもから見た方向を示しています。必要に応じて変えてください。

オ、服を着る（お風呂から上がって）

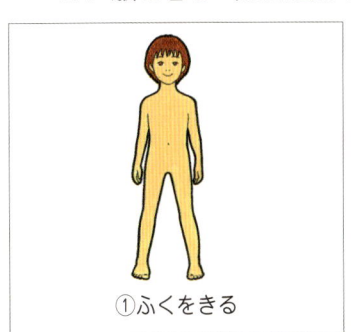

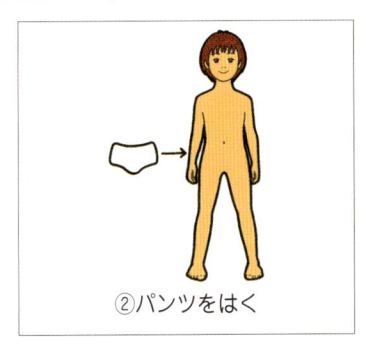

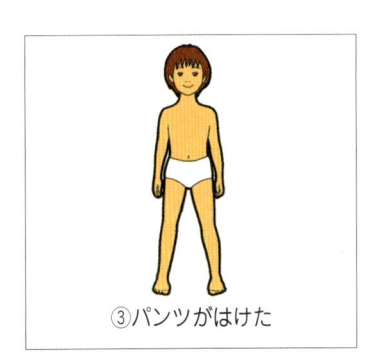

①ふくをきる　②パンツをはく　③パンツがはけた

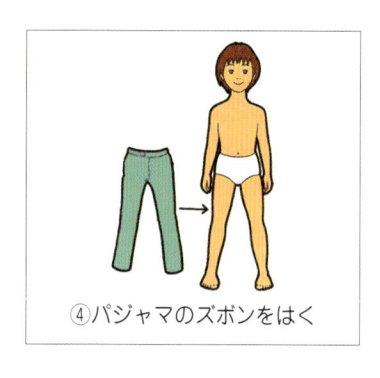

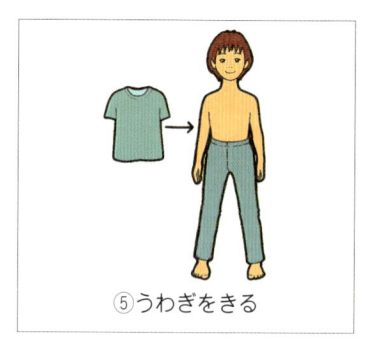

④パジャマのズボンをはく　　⑤うわぎをきる　　⑥おしまい

Ⅱ．母子通園での集団生活

　幼稚園、保育園、通園施設などに子どもを連れていこうとする際に、大声で泣いたりしてパニック状態に陥ることはしばしばあります。母子分離などで示すこのような不安は、母親との別れから生じる母子分離不安というよりは、新しい人、場所に対する不安や、先の見通しがつかない環境におかれる不安のほうが強いのです。それは、いったん活動に集中してしまい気分の切り替えに成功したら、母親が迎えに来ようと意に介さないといったことからもわかると思います。

＜留意点＞

①まず入園式などで初めて訪れるのではなく、入園前から何度か足を運んで場所に慣れておくことが大事です。そしてできるだけ先生や遊んでいる様子を遠くからでも観察するなどしておきましょう。

②見通しとして示す内容は、場所、会う人、活動の流れなどです。場所や人は写真などで示します。会う人は、担任の先生や保育士、同級生などです。活動の流れは、登園して帰るまでの主要な活動の順番を示すようにします。この絵カード集にないものは、新たにつくり足すなどしましょう。

③活動の手順は、前の日の夜、出かける前などに見せてリハーサルします。活動中は、絵を示しながら順序を追います。今どの段階にいていつ終わるのかを示すようにします。

④反応が激しい場合は、ある程度一緒にいてタイミングを見て離れるのも一つの方法です。

（1）母子分離

　入園当初は母親から離れても泣かずに過ごせていた子どもも、しばらくして母親を意識し始めると、泣いて母親と別れることができなくなる時期がきます。無理に母子分離はしませんが、職員との関係が築けてきたら、母親のいる場所をしっかり見せ安心させたうえで、母子分離を始めます。総合通園では昼食時に一時的に母親から離れて過ごすことがあります。母親が食事をして片づけが終わるまで職員とおもちゃで遊び、その後は子どもとお母さんが一緒に遊べることを手順書で見せて伝えます。

　手順書を見ることで先の見通しがもて、見せない時より安心して待つことができるようです。また、母親をひとり占めして、いつも母親が側にいないと不安で大泣きする子どもに母親の活動スケジュールと子どもの活動スケジュールをつくって見せて、母親と一緒に遊ぶ時もあるけど、母親はトイレに行ったり、家事（料理、洗濯、掃除など）をしたりする時もあることを伝えることで納得してひとり遊びができるようになった子どももいます。

　ア、お母さんがトイレに行く

| ①おかあさんとバイバイ | ②おかあさんトイレにはいる | ③おかあさんトイレからでる |

　イ、お母さんがご飯でいなくなる（男の子）

| ①ぼく | ②ともだちとあそぶ | ③おかあさん |

④おかあさんはおべんとうをたべる　⑤おかたづけ　⑥おかあさんとあそぶ

⑦おかえりのあつまり　⑧せんせいとさようなら

ウ、お母さんがご飯でいなくなる（女の子）

①わたし　②ともだちとあそぶ

③おかあさん　④おかあさんはおべんとうをたべる　⑤おかたづけ

各絵カードの説明

⑥おかあさんとあそぶ　⑦おかえりのあつまり　⑧せんせいとさようなら

（2）食事

ア、食事（女の子）

①いただきます　②ごはんとおかずをたべる

③からっぽ　④デザートをたべる

⑤ごちそうさま　⑥はをみがく　⑦あそぶ

＊デザートがない場合は④を外してください

イ、食事（男の子）

①いただきます

②ごはんとおかずをたべる

③からっぽ

④デザートをたべる

⑤ごちそうさま

⑥はをみがく

⑦あそぶ

＊食事のルールで「デザートは食事のあとで」という流れを伝えるときに使用しました

（3）プール

　多くの子どもにとって水遊びやプール遊びは大好きな活動です。そこで問題になるのは、プールを見ると着替えずに遊び始めたり、活動を終わることができないで泣いてしまったりすることです。そこで、はじめからプール遊びの流れを、見せて知らせるとスムーズに応じてくれることがあります。

<留意点>

①流れを理解できない：何かの活動の手順や流れを理解するには、それを行うこと自体が非常に楽しいことであったり、好ましい結果に導かれたりするような場合、とても習得がしやすいものです。着替えの手順を絵や写真で示し、最後にプールに入る場面を示すようにします。

②好きなことを待てない：本書ではあまりふれていませんが、視覚スケジュールを理解できている子どもには、どの時間帯に行けるのかを示すようにします。カレンダーを理解できている子どもは、どの日にちや曜日に行けるのかを示すことで待てるようになります。

③好きなことを終われない：活動の流れを「プールに入る」という所まで示すのではなく、プールから出る、着替える、帰るといった流れも伝えるようにします。そして明確な終わりの視覚的合図をつくっておき、プールから出る時に提示するようにしましょう。

ア、プール遊び（女の子）

①プールあそび

②ふくをぬぐ

③みずぎにきがえる

④しょうどくする

⑤プールであそぶ

⑥かたづけ

⑦シャワーをかける

⑧タオルでふく

⑨ふくにきがえる

おしまい

イ、プール遊び（男の子）

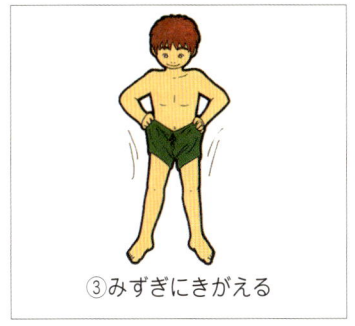

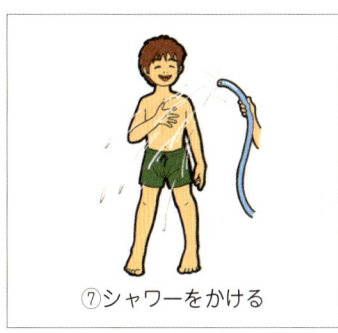

①プールあそび

②ふくをぬぐ

③みずぎにきがえる

④しょうどくする

⑤プールであそぶ

⑥かたづけ

⑦シャワーをかける

⑧タオルでふく

⑨ふくにきがえる

おしまい

（4）ルール
　子ども同士の中で関わり方がわからずに、人のおもちゃを強引に取ったり、「いや」と言えずに叩いたり、押したりすることがあります。正しい関わり方を伝えるための絵をあらわしました。良いとか悪いというルールを教える場合は、絵の上に丸や禁止マークを貼って教えると意図が明確に伝わりやすくなるでしょう。

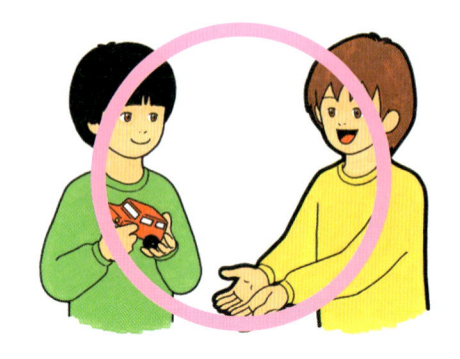

ア、おもちゃを貸して

①おもちゃをとる　　②「かして」という

イ、してほしくないこと

①あたまをたたく　　②たたく

各絵カードの説明

③かみをひっぱる　　④かみつく　　⑤おす

＊①から⑤までマークを入れた絵があります

　ウ、こうしたらいいよ（意思表示）

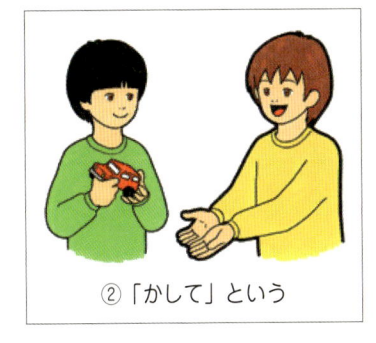

①「いや」という　　②「かして」という　　③おともだちとなかよく

＊ことばとマークを入れた絵があります

　エ、いやなことをされたら

「やめて」という

Ⅲ．医療

　病院や歯科医院などで受診することに対して拒否や拒絶を示す子どもは、自閉症に限らず多いことでしょう。しかし、自閉症の子どもが示す抵抗は尋常なものではありません。通常発達の子どもは、注射など痛みを伴う治療行為を予期して受診に抵抗を示すわけですが、自閉症の子どもの場合はそれ以外のさまざまな抵抗の原因が考えられます。これは、前の項でも説明したように、①新規の人、場面、道具などへの不安、②治療で何をされるのかわらないというように見通しがつかない状況での不安、③集中時間が短く待てない、④感覚の過敏性などです。

<留意点>

　まず医院の人に子どもの特性を話し、理解してもらい、子どもにも普段から人、場所、道具などに接して慣れておくことが大切です。たとえば、治療でなくても待合室で短時間過ごす、医師や看護師と会う、道具や治療の様子を見せてもらうなどです。親の会の先輩から評判のよい医院を聞いておくことも大事です。地理的な要因だけで決めないほうがよいでしょう。

　次に、場所、治療者、治療の道具や手順を写真や絵にします。治療を始める前に医師からその手順の説明を受け、写真に撮らせてもらいましょう。

　それができたら、前の日、出かける前などに治療の手順を示して、リハーサルをします。治療中も、治療の手順書を提示して、今どの段階で、いつ終わるのかを示すようにします。

　その他にも工夫することがいくつかあります。待合室などで待つのが苦手な子どもの場合、待つ時間があまり長くならないようにしてください。そのために、順番をなるべく早く回してもらうように受付に頼んだり、待合室でなく車で待ったりするなどです。また待つ間に時間を潰せるようなもの（お絵かき、絵本など）があるとよいでしょう。さまざまな気を逸らせるアイテムなどがあると役立つかもしれません。

　高機能の子どもの場合は、単に手順を視覚的に示すだけでなく、なぜ検診や治療が必要なのかといった理由を説明することで落ち着く場合もあります。たとえば病気の恐れや健康へのこだわりが強い子どもの場合に、検診を受けることでより重大な病気を予防できる、より健康になれると説明することが、検診を受ける大きな動機づけとして働くようになります。ソーシャルストーリー[注1]やコミック会話[注2]などの方法を応用してみてください。

　絵カードにより泣きがぴたりとおさまり何事もないかのようにスムーズにことが運ぶ魔法の道具という期待はもたないでください。どうしても抵抗が強く逆に予告しないほうがよいのではないか思う親御さんも多いでしょう。しかし、どのくらいで終わるのか見通しをもったり、最後にご褒美を用意したりすることで頑張れる子どももいます。過去にとても嫌な経験をした場所でフラッシュバックを起こして激しいパニックに襲われる子どももいます。その場合は、脱感作（弱い嫌悪刺激から徐々に慣らして検診場面に対応できるようにする）によって不安を取り除くように努めます。しかしうまくいかない場合はまったく違う医院などで1からやり直したほうがよいかもしれません。また手順を示すだけでなく、なぜその治療行為が必要なのかを示してあげる必要のある子どももいます。絵カードの適用が困難に感じられる子どもの場合は、自閉症の特性や視覚支援について熟知した専門家と相談しながら進めると効果的でしょう。

注1：対人場面や社会的状況の認識がうまくできない子どもに、絵や文章を使ったシナリオで理解を促す方法。詳しくは解説の参考文献を参照してください。

注2：ことばで過去の対人的出来事の説明をうまくできない子どもに対して支援者や親が子どもに聞き取りをしながら複数の人物を線画で描き、吹き出しに言葉を入れていくもの。必要な対人場面でのふるまいや会話表現を学ぶ手法。詳しくは解説の参考文献を参照してください。

（1）小児科

　子どもの身体の成長を知るため身体計測は成人まで何回も経験することになります。しかし、子どもにとっては、計器に乗せられて何をされるのだろうと、とても不安で、大泣きをすることがあります。できるだけ不安感をなくし、安心して測定できるように身体計測の流れを絵でも示しています。そうすることで、予測でき測定を受ける子どももいます。それでも嫌がる子どもには無理をせず、他の子の測定の様子を見たり、器具に少しずつ触れたりして慣れてもらうようにします。

　ア、身体計測
　　1、身体計測（服を着て測る）

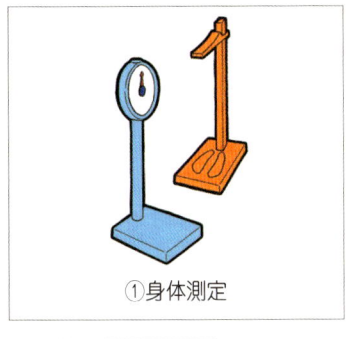

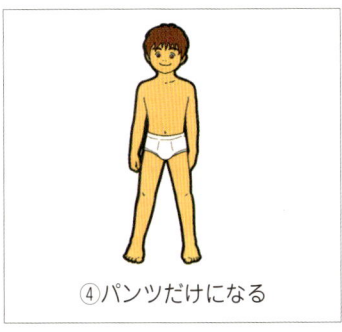

①身体測定　　②はじめるよ

③ふくをぬぐ　　④パンツだけになる　　⑤たいじゅうけいにのる

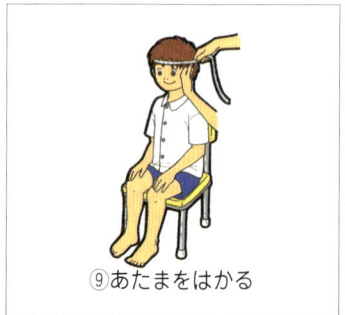

⑥ふくをきる　　⑦ふくをきた　　⑧しんちょうけいにのる

⑨あたまをはかる　　おしまい

2、身体計測（服を脱いで測る）

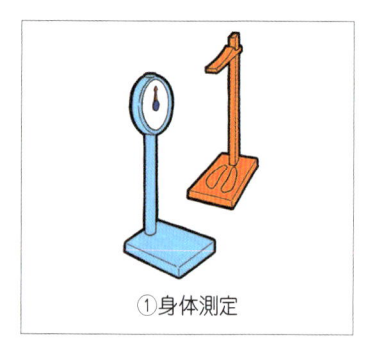

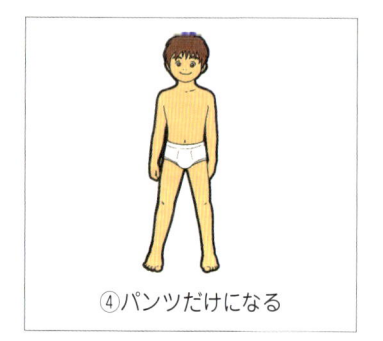

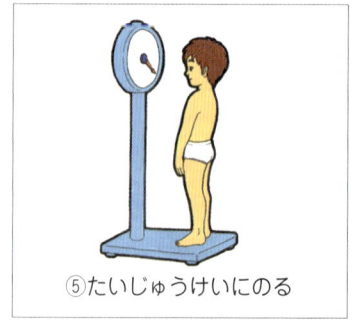

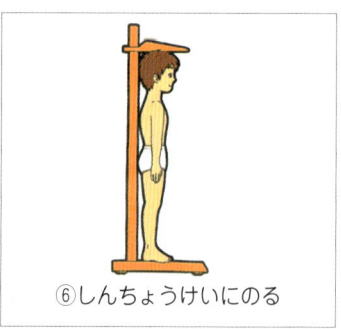

①身体測定　　②はじめるよ　　③ふくをぬぐ

④パンツだけになる　　⑤たいじゅうけいにのる　　⑥しんちょうけいにのる

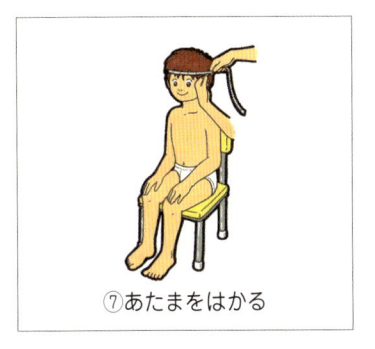

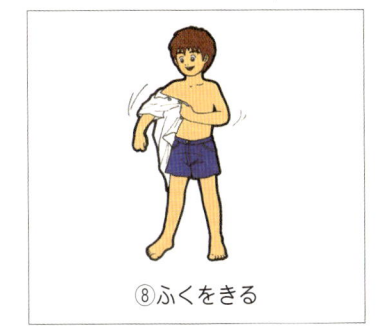

⑦あたまをはかる　⑧ふくをきる　おしまい

イ、検温

　自閉症の子どもは熱があるのに走り回っていて対応が遅れる時があります。日頃から検温を習慣づけていると安心です。また熱が出て病院に連れて行く時もデジタル体温計の数値を見せると納得しやすくなります。

　体温計を脇に挟んでじっとしていることができない子どもには、1から10まで大人と数を唱えて、計測音がするのを待ったり、「数字の歌」の絵カード（本書にはありません）を見せてめくりながら時間が経過するのを待ったりすることに慣れるように促していきます（子どもが嫌がる時は無理をしません。また数字の絵カードは病院での待ち時間に見せると動き回らずに待つことができたという子どももいました）。

　　　　　表紙（子どもに応じて体温計の絵や写真を入れてください

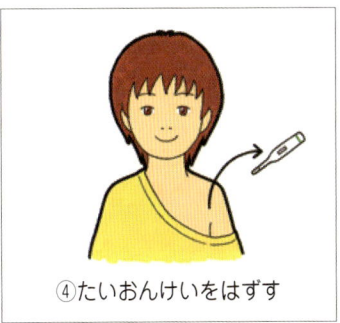

①たいおんけいをもつ　②たいおんをはかる　③ピピーおとがする

④たいおんけいをはずす　⑤たいおんけいをわたす　おしまい

ウ、血圧測定

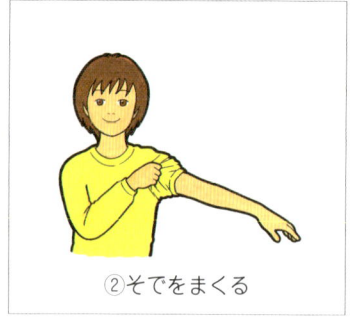

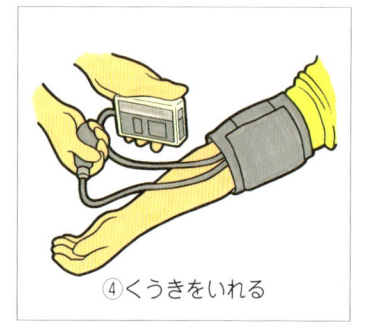

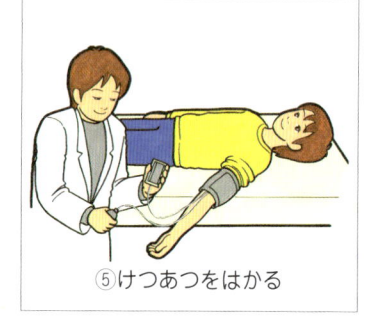

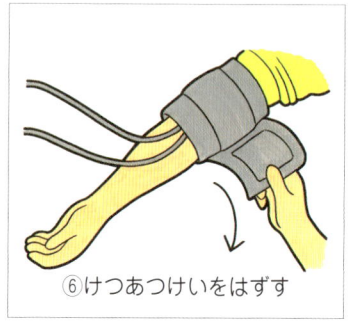

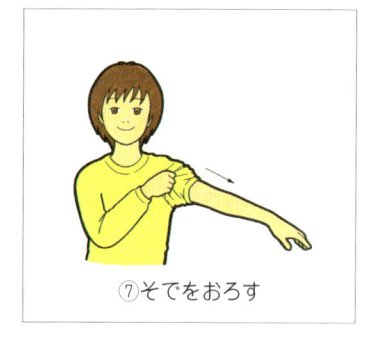

①血圧測定　②そでをまくる　③けつあつけいをまく

④くうきをいれる　⑤けつあつをはかる　⑥けつあつけいをはずす

⑦そでをおろす　おしまい

エ、検診・診察

事前に絵を見せて、流れを説明し、終わったら楽しいことを用意しておくと不安感が少なくなります。また、泣いても長く泣くことが少ないようです。

表紙（子どもに応じて小児科の絵や写真を入れてください）

①しんさつしつにはいる 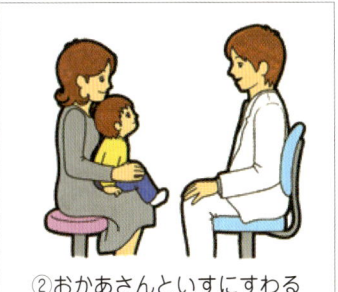　　②おかあさんといすにすわる 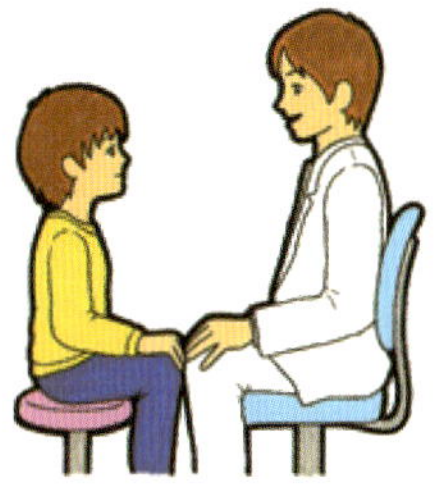　　③いすにすわる

＊②か③のどちらかを使ってください

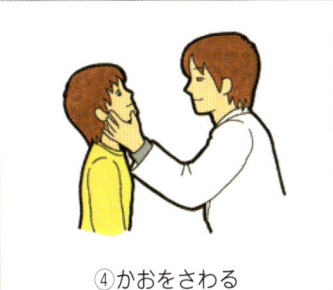

④かおをさわる 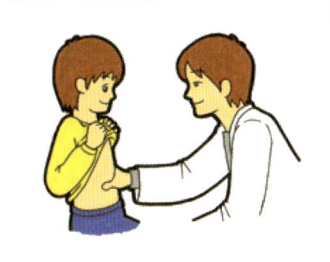　　⑤おなかをさわる 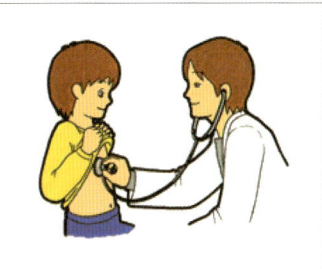　　⑥ちょうしんきをむねにあてる

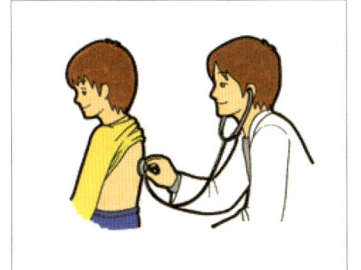

⑦ちょうしんきをせなかにあてる 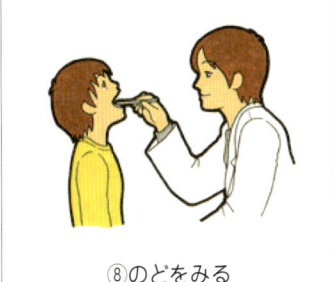　　⑧のどをみる 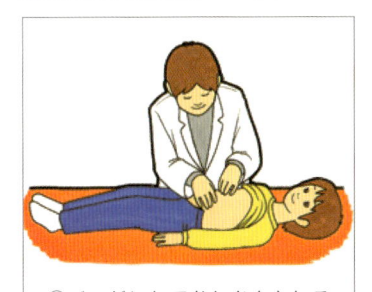　　⑨ベッドにねておなかをさわる

⑩おもちゃであそぶ 　　⑪おもちゃをかたづける 　　⑫せんせいとさようなら

⑬しんさつしつをでる　⑭しんさつしつをでる　⑮くすりをもらう

おしまい

エ、注射

1、座って注射

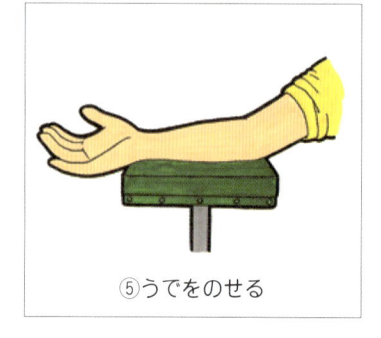

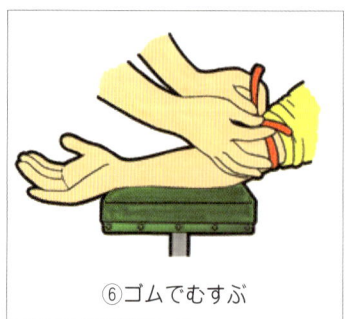

①病気のときは注射　②いすにすわる　③そでをあげる

④うでをのせる　⑤うでをのせる　⑥ゴムでむすぶ

＊④か⑤のどちらかを使ってください

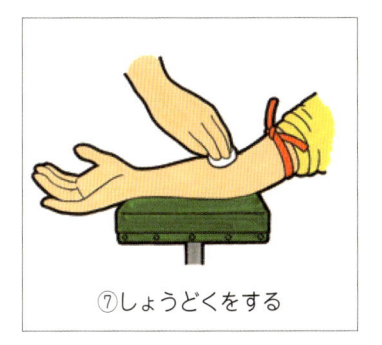

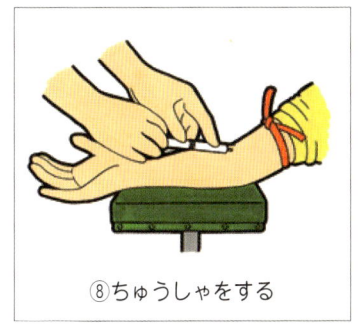

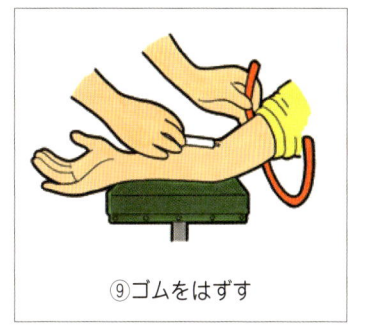

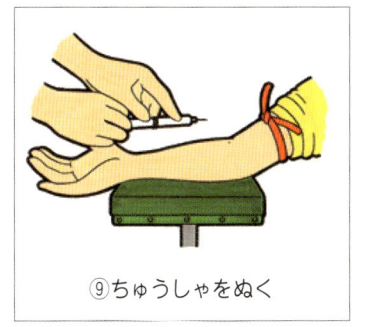

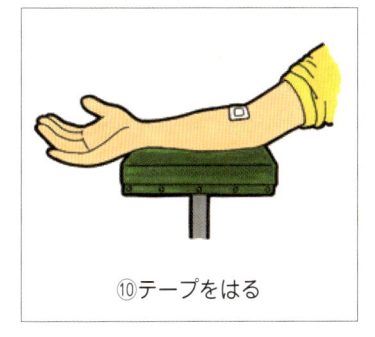

⑦しょうどくをする　⑧ちゅうしゃをする　⑨ゴムをはずす

⑨ちゅうしゃをぬく　⑩テープをはる　おしまい

2、寝て注射

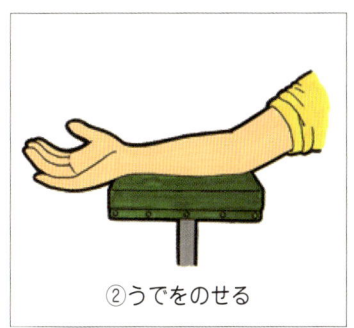

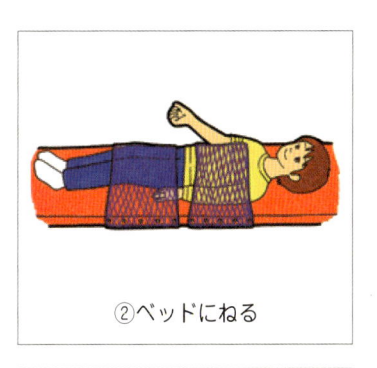

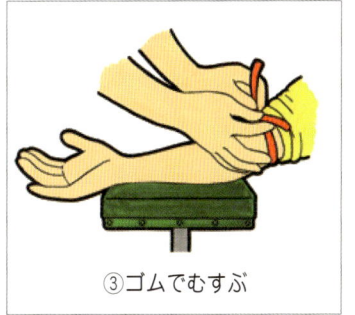

①病気のときは注射　②ベッドにねる

②うでをのせる　③ゴムでむすぶ

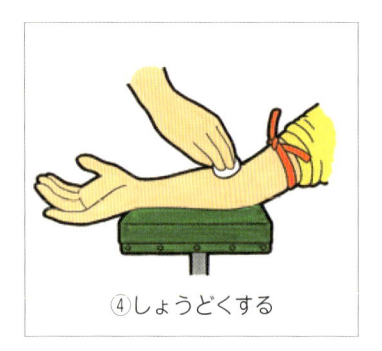

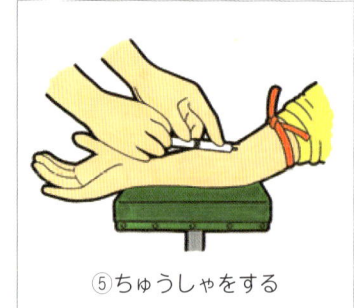

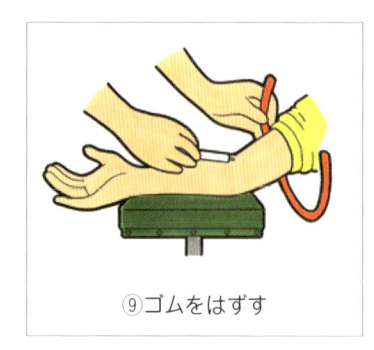

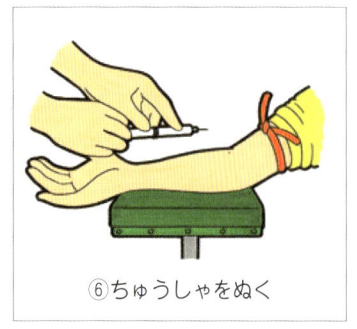

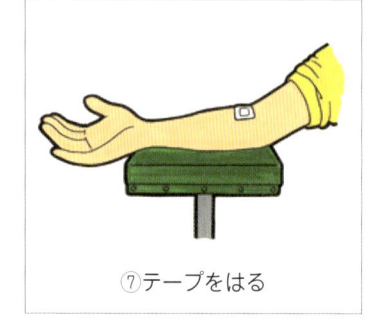

④しょうどくする　　⑤ちゅうしゃをする　　⑨ゴムをはずす

⑥ちゅうしゃをぬく　　⑦テープをはる　　おしまい

3、皮下注射

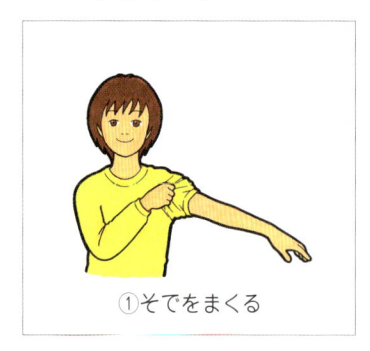

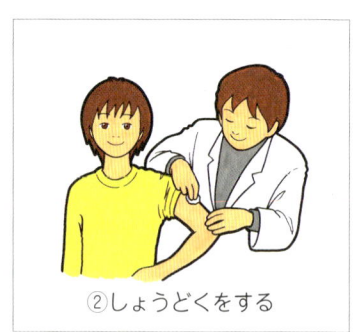

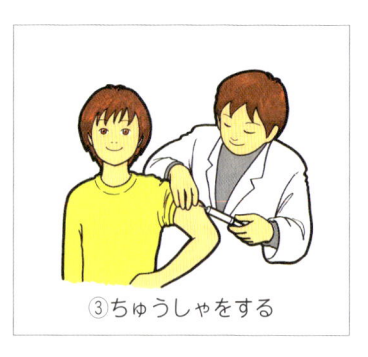

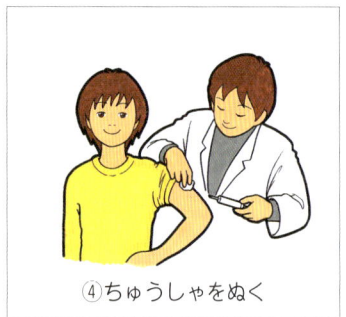

①そでをまくる　　②しょうどくをする　　③ちゅうしゃをする

④ちゅうしゃをぬく　　⑤テープをはる　　おしまい

オ、吸入

①のどがいたい

②のどをみる

③ホースをくわえる

④くすりがでる

おしまい

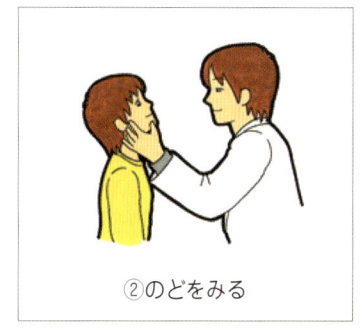

(2) 歯科

ア、歯科検診

表紙（子どもに応じて歯科の部屋の写真や絵を入れてください）

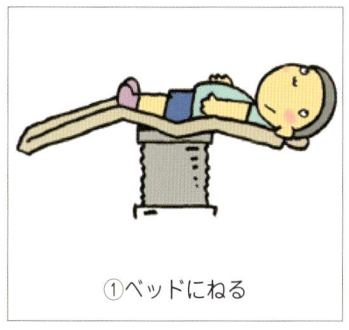

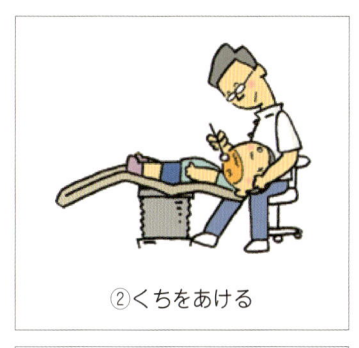

①ベッドにねる

②くちをあける

③お医者さんから話を聞く

④おしまい

イ、虫歯治療

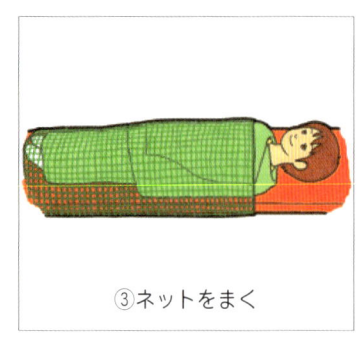

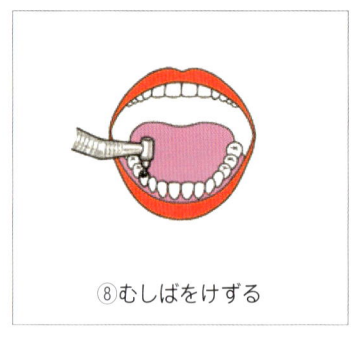

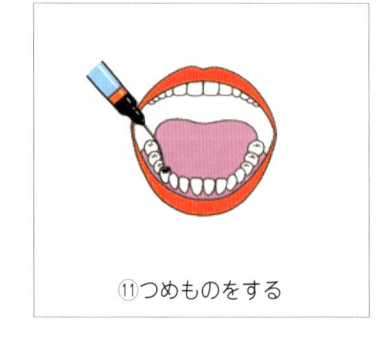

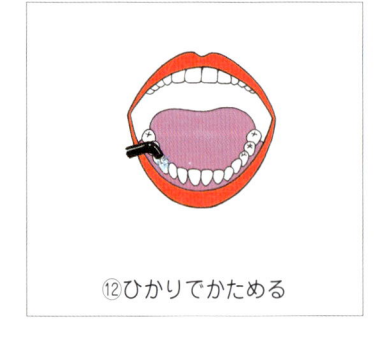

①はがいたいとき　　②ベッドにねる　　③ネットをまく

④くちをあける　　⑤くちをあけるどうぐをつける　　⑥マスクをつける

⑦くすりをつける　　⑧むしばをけずる　　⑨水であらう

⑩くすりをつける　　⑪つめものをする　　⑫ひかりでかためる

各絵カードの説明

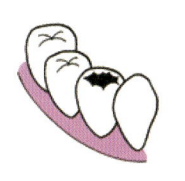

①むしば

②くすりをつける

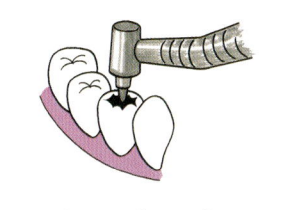

③むしばをけずる

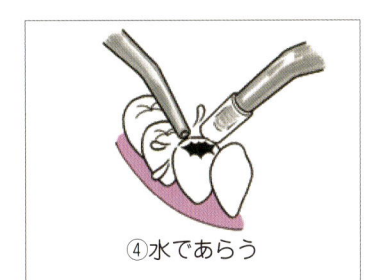

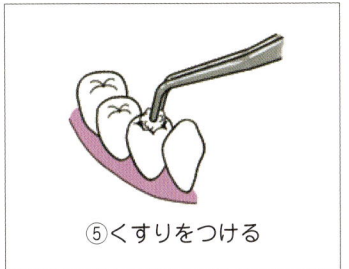

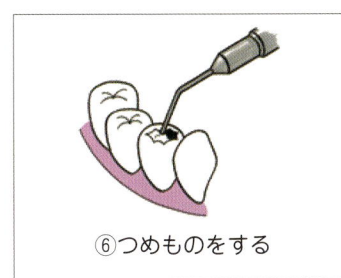

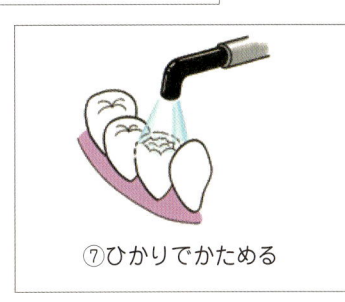

④水であらう

⑤くすりをつける

⑥つめものをする

⑦ひかりでかためる

①はみがきのはなし

②あかいくすりをつける

③おかあさんがみがく

④せんせいがみがく

⑤おしまい

（3）眼科

　ア、眼科検診

表紙（子どもに応じて眼科の部屋の写真を入れる）

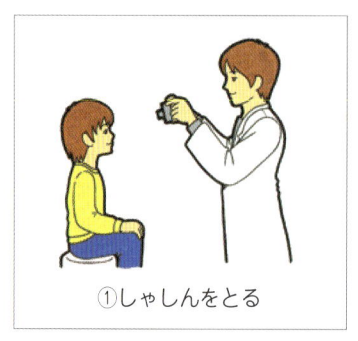

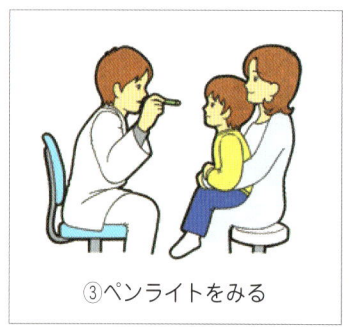

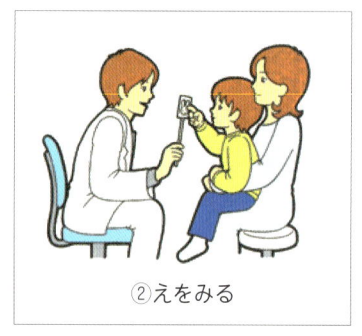

①しゃしんをとる　　②えをみる

③ペンライトをみる　　おしまい

　イ、視力検査

1、シマ視標（お母さんといっしょ）

①りょうめでみる　　②みぎめでみる　　③ひだりめでみる

2、シマ視標（ひとりで）

①りょうめでみる 　　②アイパッチをしてみぎめでみる 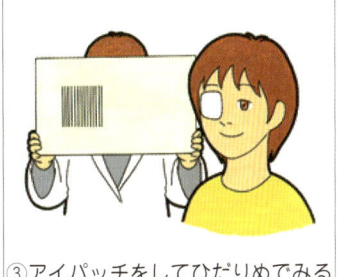　　③アイパッチをしてひだりめでみる

3、絵視標（お母さんといっしょ）

①おなじえをゆびさす（りょうめ） 　　②おなじえをゆびさす（みぎめ） 　　③おなじえをゆびさす（ひだりめ）

4、絵視標（ひとりで）

①おなじえをゆびさす（りょうめ） 　　②アイパッチをしておなじえをゆびさす（みぎめ）　　③アイパッチをしておなじえをゆびさす（ひだりめ）

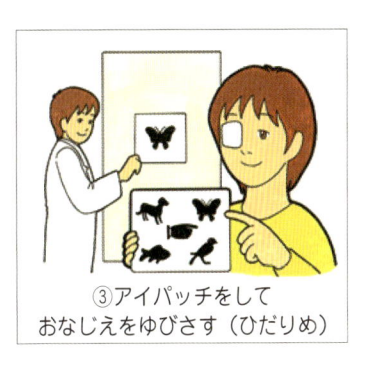

5、ランドルト環視標

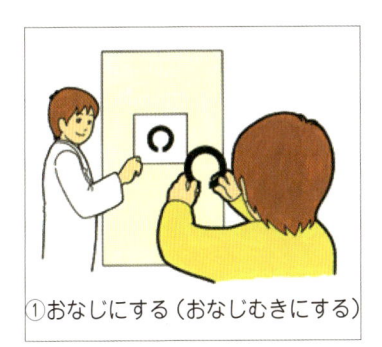

①おなじにする（おなじむきにする）

各絵カードの説明

ウ、眼底検査

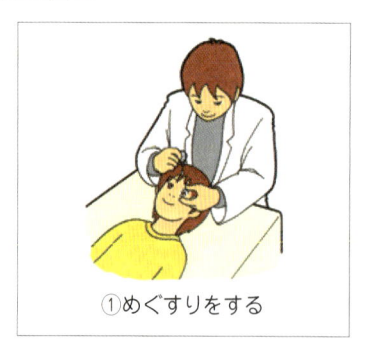

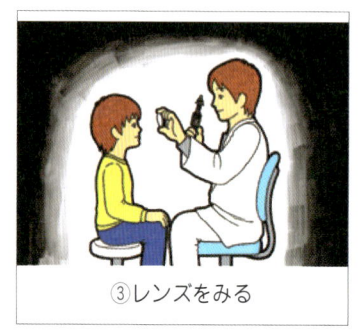

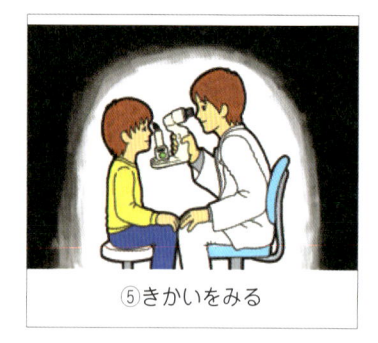

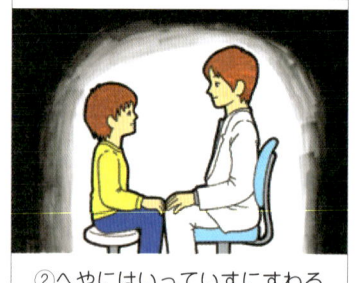

①めぐすりをする

②へやにはいっていすにすわる

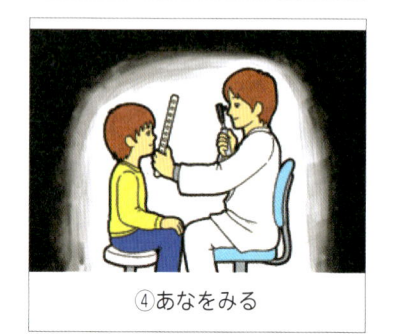

③レンズをみる

④あなをみる

⑤きかいをみる

おしまい

エ、器械検査

＊機械を覗き込む検査の時、状況に応じて使ってください

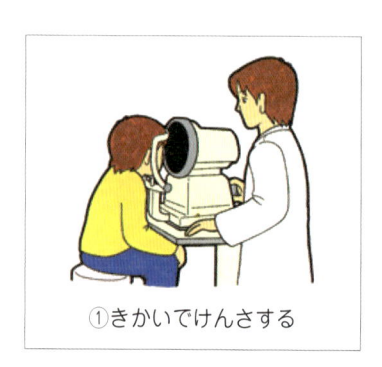

①きかいでけんさする

（4）耳鼻科

ア、耳そうじ

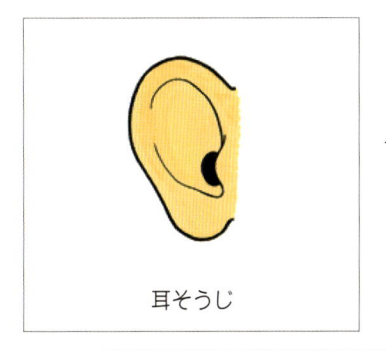

耳そうじ

子どもに応じて耳鼻科の部屋の写真や絵を入れてください

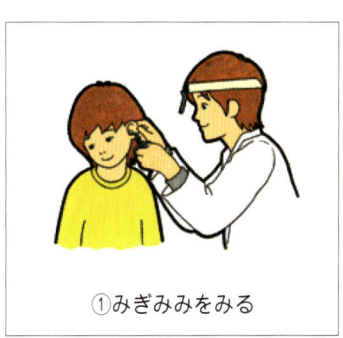

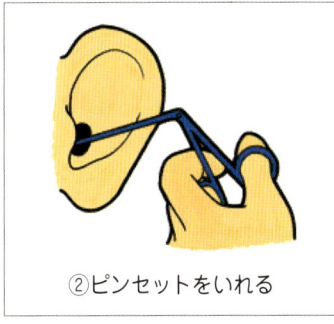

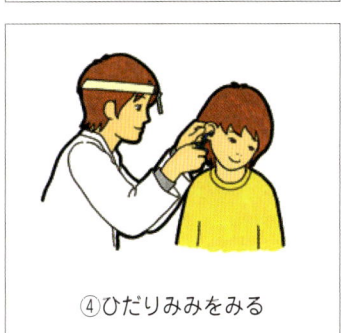

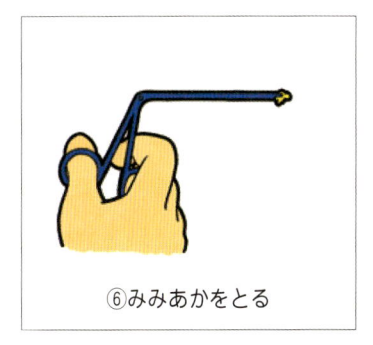

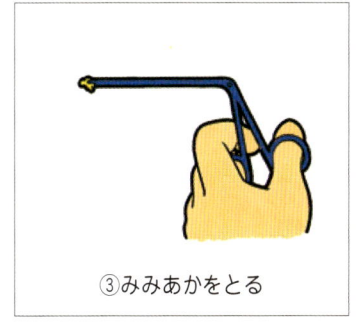

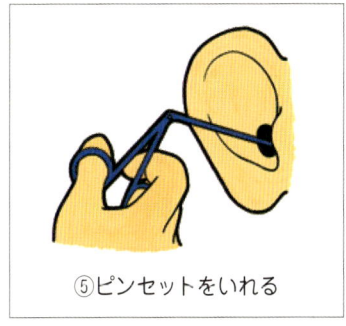

①みぎみみをみる

②ピンセットをいれる

③みみあかをとる

④ひだりみみをみる

⑤ピンセットをいれる

⑥みみあかをとる

おしまい

＊絵カードの左右のコメントについては、子どもから見た方向を示しています。必要に応じて変えてください。

イ、耳鼻科検診

表紙（子どもに応じて耳鼻科の部屋の写真や絵を入れてください）

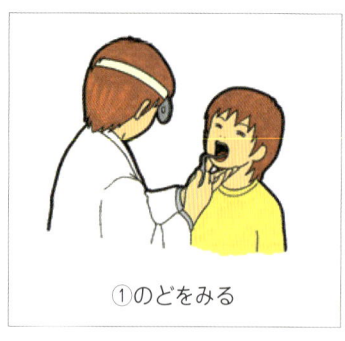

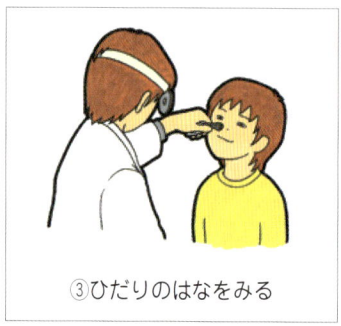

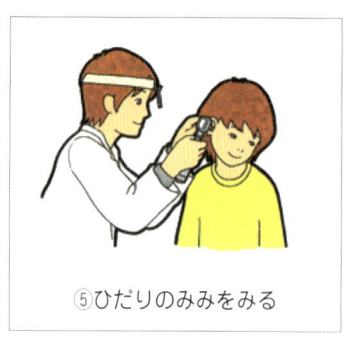

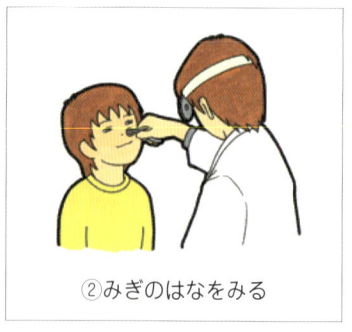

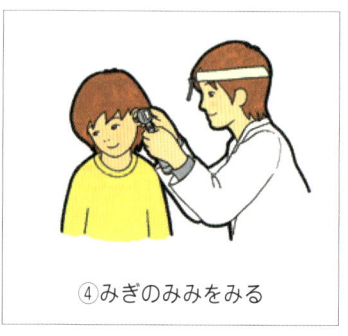

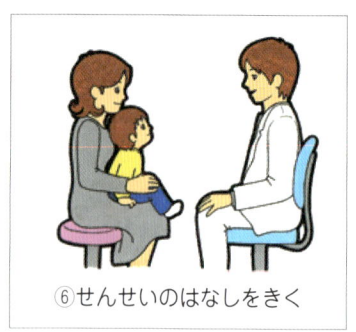

①のどをみる

②みぎのはなをみる

③ひだりのはなをみる

④みぎのみみをみる

⑤ひだりのみみをみる

⑥せんせいのはなしをきく

おしまい

＊絵カードの左右のコメントについては、子どもから見た方向を示しています。必要に応じて変えてください。

（5）検査

ア、ＡＢＲ検査

表紙　ＡＢＲけんさ　（子どもに応じて検査の部屋の写真や絵を入れてください）
＊③から⑦の絵は子どもに応じて必要な絵を使ってください

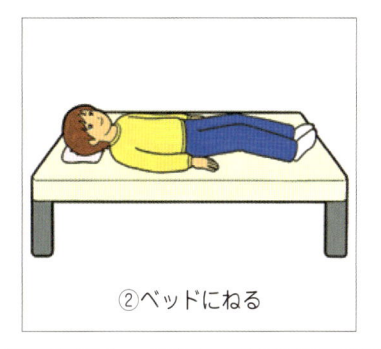

①くすりをのむ

②ベッドにねる

③おでこにきかいをつける

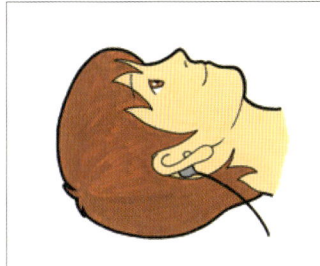

④みみのうしろにきかいをつける

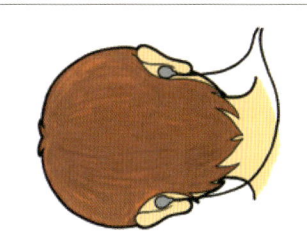

⑤みみのうしろにきかいをつける

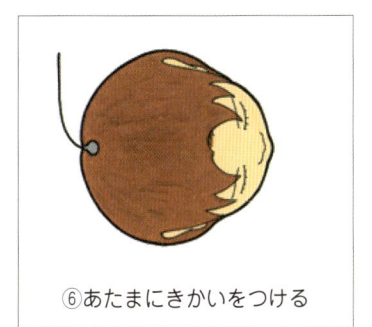

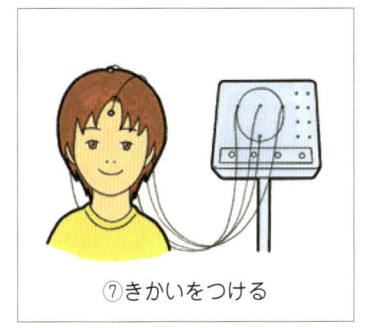

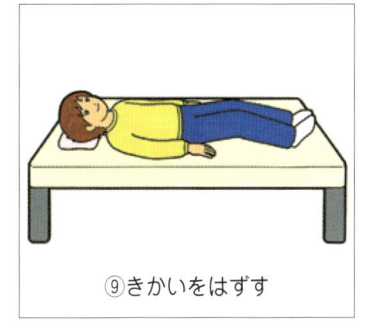

⑥あたまにきかいをつける

⑦きかいをつける

⑧ヘッドホンをつける

⑨きかいをはずす

おしまい

イ、レントゲン
  1、寝てレントゲン

①ねてレントゲン

子どもに応じて部屋の写真や絵を入れてください

②だいにねる

③きかいをうごかす

④ねたままいきをすう

⑤ねたまま

おしまい

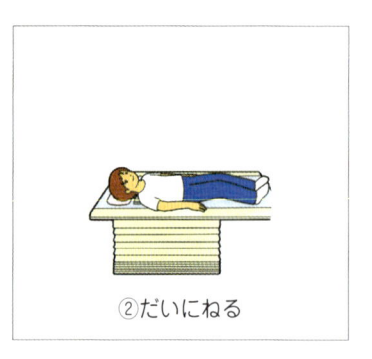

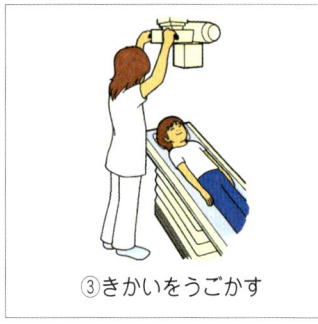

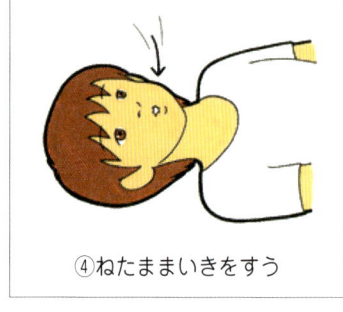

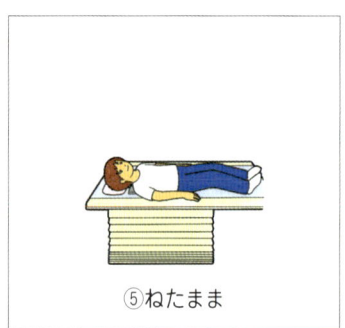

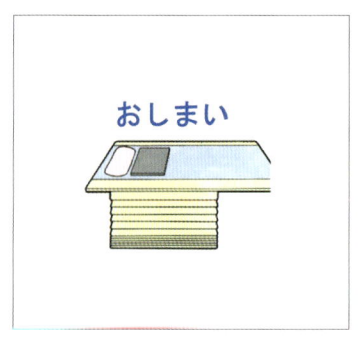

  2、座ってレントゲン

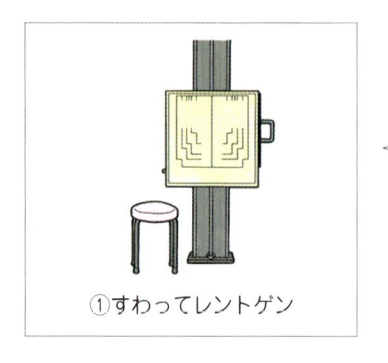

①すわってレントゲン

子どもに応じて部屋の写真や絵を入れてください

②いすにすわる

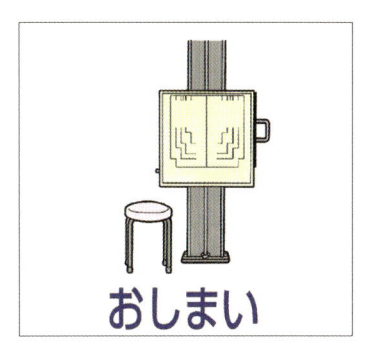

③きかいをうごかす　④すわったままいきをすう　おしまい

3、立ってレントゲン

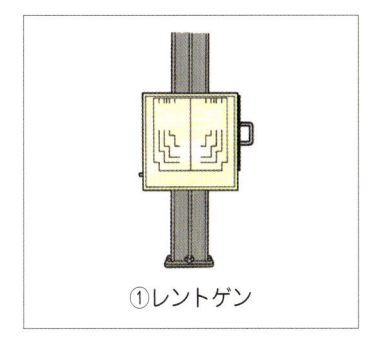

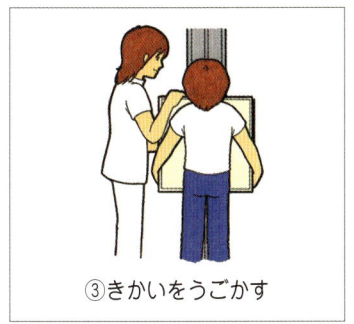

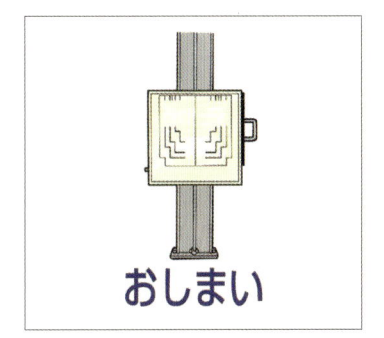

①レントゲン　②きかいのまえにたつ

③きかいをうごかす　④たったままいきをすう

おしまい

各絵カードの説明

4、歯科レントゲン

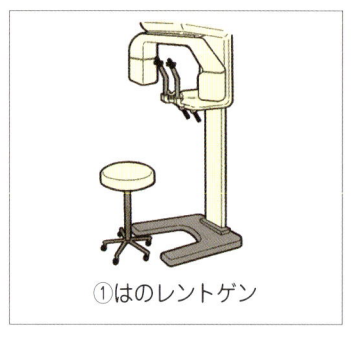

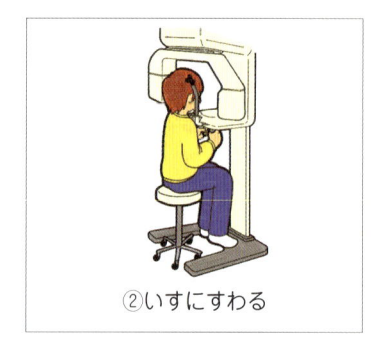

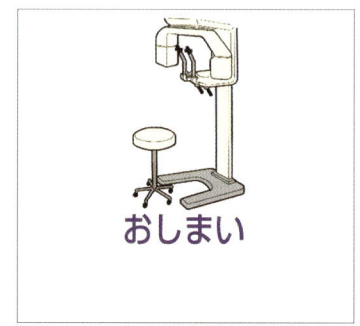

①はのレントゲン　②いすにすわる　③きかいがうごく　おしまい

ウ、心電図

　　　表紙　しんでんず　（子どもに応じて部屋の写真や絵を入れてください）

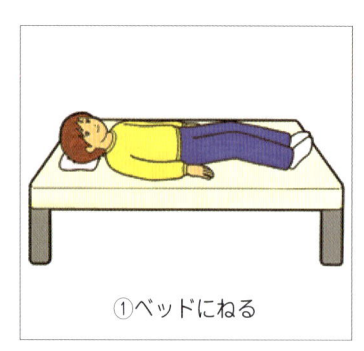

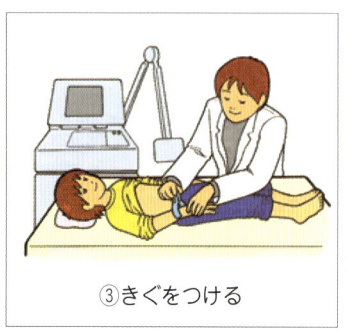

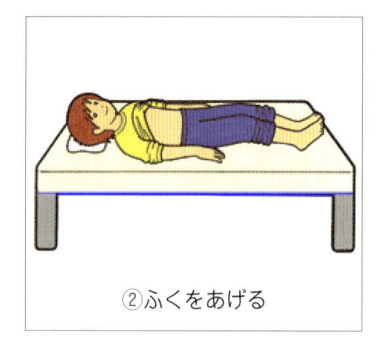

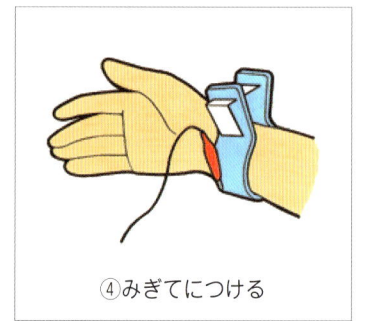

①ベッドにねる　②ふくをあげる　③きぐをつける　④みぎてにつける

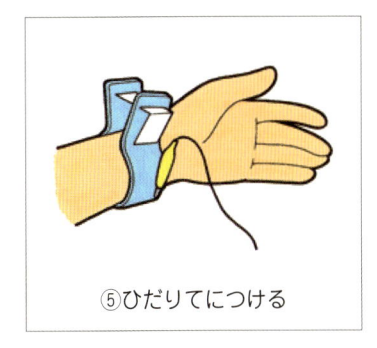

各絵カードの説明

⑤ひだりてにつける

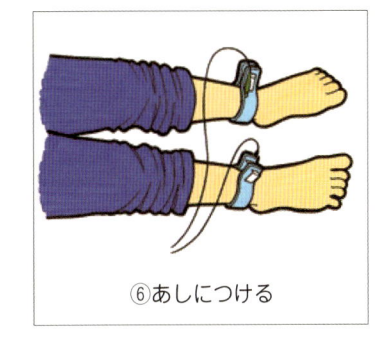

⑥あしにつける

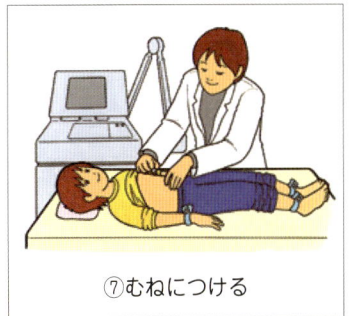

⑦むねにつける

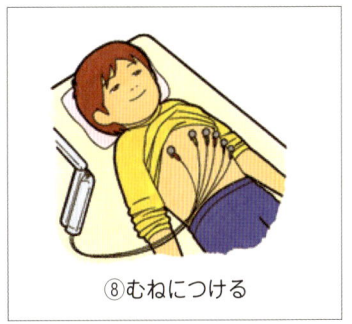

⑧むねにつける

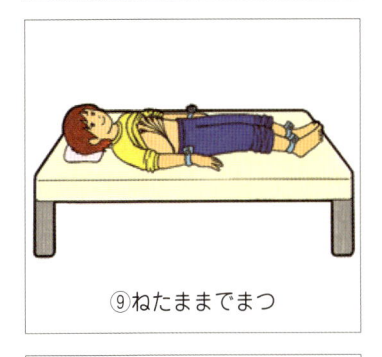

⑨ねたままでまつ

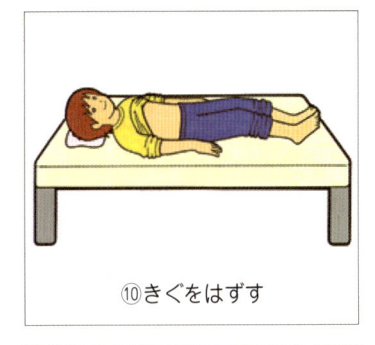

⑩きぐをはずす

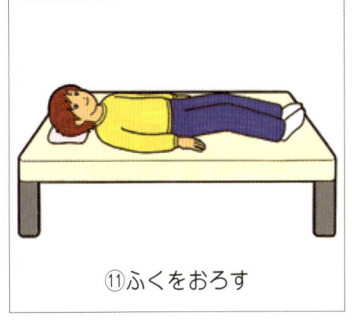

⑪ふくをおろす

おしまい

75

エ、脳波検査

表紙（子どもに応じて部屋の写真や絵を入れてください）
＊③から⑥は子どもに応じて選んでください

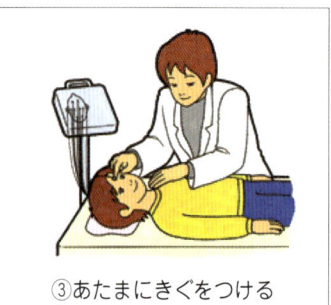

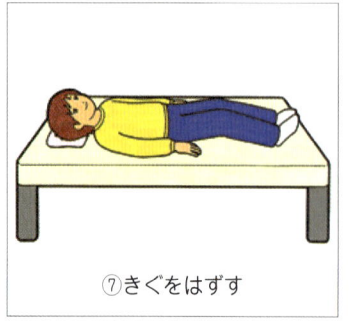

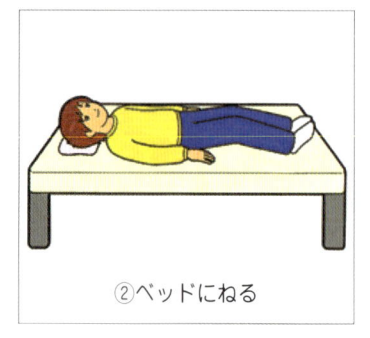

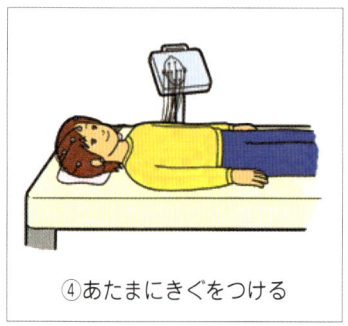

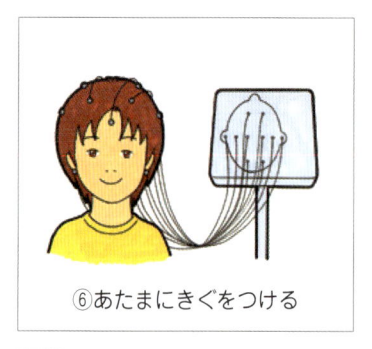

①くすりをのむ

②ベッドにねる

③あたまにきぐをつける

④あたまにきぐをつける

⑤あたまにきぐをつける

⑥あたまにきぐをつける

⑦きぐをはずす

おしまい

総合通園におけるさまざまな視覚的配慮

　総合通園の場所や活動の流れなど環境をわかりやすく伝えるために、できるだけ見て理解できるようにしています。「繰り返し」で覚えていく子どももいますが、見せたほうがよりスムーズなこともあります。

①活動場所の理解を促す

　教室の入り口には、クラスごとに絵の標識を置きます（写真1）。その他、子どもに応じてさまざまな活動場所（運動遊び、手洗い、トイレ、休憩、個別活動など）をわかりやすくするために、移動する時は言葉がけだけでなく活動場所を示す写真か絵を見せて、「どこに行くのかわからない」という不安感をもたずに移動できるようにします（写真2と写真3）。

写真1　クラスの標識　　　写真2　運動遊びの部屋の標識　　　写真3　トイレの標識

②活動場所ごとの機能の理解を促す

　行く場所とそこで行う一連の動作を示した写真か絵を見せて、具体的に伝えます。たとえば、洗面所の写真を見せて、あるいは手洗いまたは歯磨きなどの一連の動作の写真か絵を見せて伝えます。

③すべき活動を見える形で伝える

　朝の準備：連絡ノートを出す－タオルを出す－名札をつける－検温する（写真4）。それぞれのカゴにタオルや連絡ノートの写真を貼り付け、また体温計の容器に動作の絵を貼って何をするのかを示します。次の活動の予告も実物か絵を提示して行います。

写真4　朝の準備

④終わりの概念

　遊びを終える時は、おもちゃをカゴに片づけて「おしまい」を目で見える形で教えていきます。子どもが遊びに飽きてきた頃合いを見はからって片づけを促すと比較的スムーズにできます。大まかに大人が片づけておいて、最後の1個または数個だけを子どもに片づけてもらうと、嫌がらずに応じてくれやすくなります。次に行う活動の実物や絵カードを見せて伝えるとあっさり片づけることもあります。「おしまい」がわかるようになると、外遊びで公園から帰るのを嫌がった時などに、カゴに外遊びのおもちゃを片づけさせて、家の写真や家で行う好きなことのカードなどを見せることでスムーズに帰宅できるようになる場合があります。

⑤着席することに慣れる

　少しでも着席行動が取れるようになると家庭でも助かりますし学習の構えもできてきます。通園施設では子どもの好きなキャラクターのペープサート（人や動物などを描いた紙に棒をつけたものを動かして演じるもの）や紙芝居、絵描き歌など、見て楽しめる教材を使って注目することを促し、またコイン入れなど見て操作して遊ぶ遊具を活用し、楽しみながら少しでも長く着席できるように促していきます。通園施設の中の教室は、お集まりや食事の時は、おもちゃなど子どもが気になるものは片づけ、目につかないようにします。家庭でも子どもにとって気が散るものは衝立や覆いなどで隠し、今することに集中しやすい環境をつくることは大切です（写真5）。

写真5

おわりに

　北九州市立総合療育センター母子通園の総合通園では、2歳前後の子どもたちが自閉症などの発達障害の疑いや診断を受け入園してきます。その子どもたちへの療育の手がかりはさまざまな評価や行動観察を行いながら見つけていきます。子どもにとって初めての集団生活を、できるだけ混乱をなくして、子どもにもお母さんにもストレスの少ない、楽しく、わかりやすい療育環境を用意することは、私たち保育士にとってとても大切です。

　私は知的障害者の通所更生施設から総合通園に2002年に異動して来ました。絵カードの手順書を思いついたのは、当時担当したお子さんのトイレットトレーニングが最初でした。トイレットトレーニングを始めたいのに、トイレに連れて行くと水やトイレットペーパーで遊び、お母さんはそれを止めるのに苦労され、トイレに連れて行くこと自体をためらっていらっしゃいました。

　そこでトイレで何をするのかを知らせるために、トイレの一連の流れ（①便器の前でパンツを下ろす②便器に腰かける③排尿する④トイレットペーパーで拭く⑤水を流す⑥手を洗う⑦タオルで手を拭く）を絵で表わし、見せることにしました。絵での手順書を作りたいのに、絵がうまく描けず、スムーズには作れません。色々なイラスト集から絵を探し、コピーをとり、修正を加えて、やっとのことでトイレの手順書を作成しました。この時は、絵が上手に描ける人がうらやましく思いました。でも、粗末な手順書でも、本人に1枚ずつめくって見せて、トイレに促すとスムーズに応じてくれて、「水遊びもせず、便器に腰かけられた。すごい」とお母さんのほうがびっくりされました。絵で描いた手順を見せることで、大人が強制せず、子どものほうからスムーズに行動できる。私にとっても初めての経験で大感動でした。

　その手順書は家庭と通園で使っていきました。そのほかに毎月行う身体計測も、子どもたちは何をするのか予測できず、不安で大泣きしていました。同様に身体計測の手順書を作成してみました。すると泣かずにスムーズに応じられるお子さん、泣くけれど応じてくれて泣くことが長引かないですむお子さん、手順書以外にもっと配慮がいるお子さんなど、子どもたち一人ひとりに対する私たち大人の対応の仕方もよりわかりやすくなりました。絵の手順書の有効性が実感できたので、よりシンプルでわかりやすく、みんなに使ってもらえるきれいな手順書ができないものかと思い、知人でボランティア仲間のプロのデザイナー橋本賢作氏に協力をお願いしてみました。快く歯科検診やブラッシング指導や歯磨きの流れの絵をあっという間に描いていただきました。きれいな絵の手順書は使ってもらう時にも自信をもって提案しやすくなります。歯科受診の手順書は総合療育センターの歯科

でずっと利用してもらっています。今では歯科衛生士さんに「歯科受診になくてはならないもの」と、とても好評です。職員の中からも、見てわかる絵での手順書の作成を依頼されるようになりました。母子分離場面や、プールあそび、また同じ施設内にある医療機関で受ける小児科検診など、いろいろな場面で「こんなのがあったらいいな」と思う手順書の発想が次々にでてきました。そこで総合通園の保育場面や総合療育センターの医療現場で必要な絵での手順書を総合通園の職員が企画・検討して、イラストを総合通園OBの中山さんと岡本さんに描いていただき、今日までたくさんの手順書を作成してきました。これは「私たちの宝物」です。

　自閉症の強みである、目で見て理解する認知特性を利用した絵カードを活用していくことで私たちが伝えたい意図を受け取って応じてくれる子どもは大勢います。でも伝わらない場合もあります。そんな時も、絵カードを見せた時の本人の反応を見て、どうしたら伝わるのか次の手がかりを考えるきっかけになります。自閉症の子どもの中には、音声言語の理解や模倣が難しいために、身振りや見本を見て学習することが苦手な子どももいます。また身体援助で教えられることも触覚過敏のある子どもにとっては苦痛です。そこで、子どもが混乱しやすい場面では前もって、絵で流れを示した手順書を見せて混乱を少なくしていきました。そうしたところ、何人ものお母さん方や見学にこられた保育所の先生方から絵カードのコピーを依頼されるようになりました。「私たちの宝物」を「みんなの宝物」にしなければ、との思いが強くなり、この絵カード集を作ることを思い立ちました。

　現在総合通園で使用している絵カードや手順書などが、家庭や、保育所、幼稚園などで利用され、自閉症や発達に遅れのある子どもたちの理解を促すきっかけとなり、また本人にあった視覚支援教材を作るヒントになることを願っています。そして自閉症の子どもたち自身が周囲の環境を少しでも理解しやすくなるお手伝いになればと思います。

　最後になりましたが、本書を作成するにあたり、最初に相談に応じていただき、イラストを提供してくださった橋本賢作氏とたくさんのイラストを描いて協力していただいた中山由紀さん、岡本久子さんに言葉では言い尽くせないくらい、感謝の気持ちでいっぱいです。また医療関係の絵カードの作成では、北九州市立総合療育センター佐伯満所長はじめ各関係部所のご協力があってできあがりました。快く序文を書いていただいた河野義恭副所長、解説文を書いていただき、最後まで私たちに協力・援助をしていただいた今本繁先生に大変感謝しています。ありがとうございました。

　　　　　　　　　　　　　北九州市立総合療育センター　総合通園　保育士　藤田　理恵子

イラストを描いて…

　「絵を見たほうがわかる子がいるから、ひとつ描いてみてほしい」と声をかけられ何気なく引き受けたのが始まりでした。

　『靴をはく』一連の動作を、精一杯ていねいに描きました。とても喜ばれ、嬉しくて…「また何かありましたら…」とは言いましたけれど、こんなに続くとは思ってもみませんでした。本当に少しずつの作業だったのですが、自分でも驚くほど描きたまっていました。

　初めの頃は『かわいく楽しいイラスト』にしたくて、余計なものを描き込みすぎてしまいました。もっとシンプルにわかりやすく…描くほどにこだわりたい部分が出てきますが、なかなか思うように描けませんでした。色・描き方・キャラクター等、個々のニーズに合わせたものをつくっていければ素晴らしいと思います。

　私には、重度の障害をもつ息子がいます。自閉症ではありませんが、やはりコミュニケーションには、独自の手段が必要です。簡単な言葉かけはよく理解して反応もありますが、本人の意思は、どれだけ伝わっているのだろうと思います。

　このような絵カード集は、手順を示すだけでなく、会話の手助けになるようなものもできるのでは…と考えます。私も、ひとつずつ経験を重ねて、障害をもつ人の『言葉』になるような『伝える絵』を描けるようになりたいです。

　描くことはずっと好きでしたが、こんなに面白く、楽しかったことはありません。『出逢い』や『巡り合わせ』を感じています。

　素晴らしい機会を与えてくださった皆様に感謝しています。

　　　　　　　　　　　　　　　　　　　　　　　　　　　　　　　　　　中山　由紀

執筆・協力者一覧

北九州市福祉事業団　北九州市立総合療育センター　総合通園「生活支援ツール研究会」

藤田　理恵子（企画・編集）	佐藤　真理
和田　恵子（企画・編集）	柴垣　悦子
足立　智子（画像編集）	柴田　みどり
石井　さとみ	辻　久美子
板越　郁美	箱崎　孝二
岡澤　栄子	花田　美恵子
金光　律子	原野　敏子
小林　佳子	日高　ふみ子
貞末　孝子	

イラスト：中山　由紀　岡本　久子　橋本　賢作
画像処理：藤田　敏行

監修：今本　繁
ピラミッド教育コンサルタントオブジャパン株式会社代表
（所属等は初版執筆時のものです）

自閉症の子どもたちの生活を支える
すぐに役立つ絵カード作成用データ集 ―CD-ROM付き―

発行日	2008年 1月25日　初版第一刷（5000部）	2010年 9月 1日　初版第五刷（3000部）
	2008年 6月25日　初版第二刷（3000部）	2012年 6月10日　増補版第一刷（3000部）
	2008年11月20日　初版第三刷（3000部）	
	2009年 7月 3日　初版第四刷（3000部）	

監修者　今本繁
編著者　藤田理恵子・和田恵子
発　行　エンパワメント研究所
　　　　〒176-0011　東京都練馬区豊玉上2-24-1　スペース96内
　　　　　　　　　TEL 03-3991-9600　FAX 03-3991-9634
　　　　　　　　　https://www.space96.com
　　　　　　　　　e-mail：qwk01077@nifty.com

発　売　筒井書房
　　　　〒176-0012　東京都練馬区豊玉北3-5-2
　　　　　　　　　TEL 03-3993-5545　FAX 03-3993-7177

編集・制作　七七舎　　装幀　久保田哲士
印刷　株式会社光邦

ISBN978-4-88720-544-4